中国社会科学院国情调研特大项目"精准扶贫精准脱贫百村调研"

精准扶贫精准脱贫百村调研丛书

CASE STUDIES OF TARGETED POVERTY REDUCTION AND
ALLEVIATION IN 100 VILLAGES

李培林／主编

精准扶贫精准脱贫
百村调研·紫霞村卷

"支部＋"模式引领脱贫路

李 群 刘 涛／著

社会科学文献出版社
SOCIAL SCIENCES ACADEMIC PRESS (CHINA)

中国社会科学院国情调研特大项目
"精准扶贫精准脱贫百村调研"
项目协调办公室

主　任：王子豪
成　员：檀学文　刁鹏飞　闫　珺　田　甜　曲海燕

总　序

调查研究是党的优良传统和作风。在党中央领导下，中国社会科学院一贯秉持理论联系实际的学风，并具有开展国情调研的深厚传统。1988年，中国社会科学院与全国社会科学界一起开展了百县市经济社会调查，并被列为"七五"和"八五"国家哲学社会科学重点课题，出版了《中国国情丛书——百县市经济社会调查》。1998年，国情调研视野从中观走向微观，由国家社科基金批准百村经济社会调查"九五"重点项目，出版了《中国国情丛书——百村经济社会调查》。2006年，中国社会科学院全面启动国情调研工作，先后组织实施了1000余项国情调研项目，与地方合作设立院级国情调研基地12个、所级国情调研基地59个。国情调研很好地践行了理论联系实际、实践是检验真理的唯一标准的马克思主义认识论和学风，为发挥中国社会科学院思想库和智囊团作用做出了重要贡献。

党的十八大以来，在全面建成小康社会目标指引下，中央提出了到2020年实现我国现行标准下农村贫困人口脱贫、贫困县全部"摘帽"、解决区域性整体贫困的脱贫攻坚目标。中国的减贫成就举世瞩目，如此宏大的脱贫目标世所罕见。到 2020 年实现全面精准脱贫是党的十九大提出的三大攻坚战之一，是重大的社会目标和政治任务，中国的贫困地区在此期间也将发生翻天覆地的变化，而变化的过程注定不会一帆风顺或云淡风轻。记录这个伟大的过程，总结解决这个世界性难题的经验，为完成这个攻坚战献计献策，是社会科学工作者应有的责任担当。

2016 年，中国社会科学院根据中央做出的"打赢脱贫攻坚战"战略部署，决定设立"精准扶贫精准脱贫百村调研"国情调研特大项目，集中优势人力、物力，以精准扶贫为主题，集中两年时间，开展贫困村百村调研。"精准扶贫精准脱贫百村调研"是中国社会科学院国情调研重大工程，有统一的样本村选择标准和广泛的地域分布，有明确的调研目标和统一的调研进度安排。调研的 104 个样本村，西部、中部和东部地区的比例分别为 57%、27% 和 16%，对民族地区、边境地区、片区、深度贫困地区都有专门的考虑，有望对全国贫困村有基本的代表性，对当前中国农村贫困状况和减贫、发展状况有一个横断面式的全景展示。

在以习近平同志为核心的党中央坚强领导下，党的十八大以来的中国特色社会主义实践引导中国进入中国特色社会主义新时代，我国经济社会格局正在发生深刻变化，脱贫攻坚行动顺利推进，每年实现贫困人口脱贫 1000 多万人，贫困人口从 2012 年的 9899 万人减少到 2017 年的 3046 万人，在较短时间内实现了贫困村面貌的巨大改观。中国社会科学院组建了一百支调研团队，动员了不少于500名科研人员的调研队伍，付出了不少于3000个工作日，用脚步、笔尖和镜头记录了百余个贫困村在近年来发生的巨大变化。

根据规划，每个贫困村子课题组不仅要为总课题组提供数据，还要撰写和出版村庄调研报告，这就是呈现在读者面前的"精准扶贫精准脱贫百村调研丛书"。为了达到了解国情的基本目的，总课题组拟定了调研提纲和问卷，要求各村调研都要执行基本的"规定动作"和因村而异的"自选动作"，了解和写出每个村的特色，写出脱贫路上的风采以及荆棘！对每部报告我们都组织了专家评审，由作者根据修改意见进行修改，直到达到出版要求。我们希望，这套丛书的出版能为脱贫攻坚大业写下浓重的一笔。

中共十九大的胜利召开，确立习近平新时代中国特色社会主义思想作为各项工作的指导思想，宣告中国特色社会主义进入新时代，中央做出了社会主要矛盾转化的重大判断。从现在起到2020年，既是全面建成小康社会的决胜期，也是迈向第二个百年奋斗目标的历史交会期。在此期间，国家强调坚决打好防范化解重大风险、精准脱贫、污染防治三大攻坚战。2018年春节前夕，习近平总书记到深度贫困的四川凉山地区考察，就打好精准脱贫攻坚战提出八条要求，并通过脱贫攻坚三年行动计划加以推进。与此同时，为应对我国乡村发展不平衡不充分尤其突出的问题，国家适时启动了乡村振兴战略，要求到2020年乡村振兴取得重要进展，做好实施乡村振兴战略与打好精准脱贫攻坚战的有机衔接。通过调研,我们也发现,很多地方已经在实际工作中将脱贫攻坚与美丽乡村建设、城乡发展一体化结合在一起开展。可以预见,贫困地区的脱贫攻坚将不再只局限于贫困户脱贫,我们有充分的信心从贫困村发展看到乡村振兴的曙光和未来。

是为序!

李培林

全国人民代表大会社会建设委员会副主任委员

中国社会科学院副院长、学部委员

2018 年 10 月

前　言

　　党的十八大以来我国脱贫攻坚战取得决定性进展，六千多万贫困人口稳定脱贫，贫困发生率从 10.2% 下降到 4% 以下。党的十九大进一步提出坚决打赢脱贫攻坚战，提出让贫困人口和贫困地区同全国一道进入全面小康社会的宏伟蓝图。精准扶贫精准脱贫是一项系统性大工程，其中涉及经济产业调整、社会全面治理多个主题的多学科问题。本课题组开展了扶贫工作的调查研究，深入了解贫困村具体情况、贫困户建档立卡实施工作和脱贫完成情况；实地走访当地贫困户家庭，询问贫困户目前家庭收入、住房、医疗等情况；考察当地乡约民俗文化传承与发展，产业中长期特色产业发展规划和农村医疗与养老等脱贫帮扶和社会主义新农村建设情况；掌握了丰富的第一手资料。本次调研对提升精准扶贫各项政策的科学性有着十分重要的意义。

　　绵阳市位于四川盆地西北部，生活着羌族、回族、藏族等 40 个少数民族。虽然绵阳已经没有国家级贫困县，但是，仍有一些贫困村需要扶贫和脱贫，任务仍然艰巨。四川省绵阳市北川羌族自治县香泉乡紫霞村作为"精准扶贫精准脱贫百村调研"目标，具有少数民族特色，同时，具有特色产业扶贫、生态保护扶贫脱贫等特色。

　　按照中国社会科学院国情调研特大项目"精准扶贫精准脱贫百村调研"总体规划的调查方案、调查指标体系的400多个指标，课题组对四川省绵阳市北川羌族自治县香泉乡紫霞村进行贫困村的摸底问卷调查，并进一步根据紫霞村的特点，有针对性地进行特色调研。总结紫霞村精准脱贫的个案经验，有利于描述村庄发展的历史与现状，厘清其扶贫与脱贫的过程、机制、障碍等；有利于评价其精准脱贫和可持续脱贫效果；有利于落实党中央全面建成小康社会以及"精准脱贫"的重大决策，为党中央国务院发挥中国社会科学院思想库智囊团的重要作用。

目 录

第一章

坚持开展精准扶贫精准脱贫
调查研究

中国共产党自诞生之日起，就勇敢担当起团结带领人民实现中华民族伟大复兴的历史使命。97 年来，中国共产党初心不改、矢志不渝，创造了一个又一个彪炳史册的人间奇迹。全球极端贫困人口比重从 20 世纪 90 年代的近40% 降至目前的 10% 左右，其中绝大部分贡献来自中国，中国七亿多人脱离贫困，是人类扶贫开发史上的重要贡献，是中国共产党领导下的中国人民创造的人类历史上最大规模摆脱贫困的发展奇迹。习近平总书记在党的十九大报告中回顾过去五年以来的工作时指出，脱贫攻坚战取得决定性进展，六千多万贫困人口稳定脱贫，贫困发生率从 10.2%下降到 4% 以下。中国共产党创新提出的精准扶贫政策，以每年减贫 1300 万人以上的成就，书写了人类反贫困斗争史上"最伟大的故事"，赢得了国际社会的高度赞誉。

在党的十九大上，习近平总书记代表中国共产党做出了"让贫困人口和贫困地区同全国一道进入全面小康社会"振聋发聩的庄严承诺。党的十九大报告提出的"确保到2020年我国现行标准下农村贫困人口实现脱贫，贫困县全部摘帽，解决区域性整体贫困，做到脱真贫、真脱贫"是党中央在十八大以来精准扶贫工作的基础上，准确把握扶贫工作情况，对扶贫工作总体目标做出的深刻界定。其目标的具体内涵可以概括为从全国范围彻底地消除贫困，让14亿中国人民全部达到小康生活水平。① 为进一步全面推进精准扶贫工作，通过准确界定，以科学合理的帮扶方式促进贫困地区社会经济全面发展，消除各类致贫、返贫原因，巩固党的十八大以来的扶贫成果，做到"小康路上一个都不能少"，党的十九大为未来打赢脱贫攻坚战提出了战略性部署。

第一节 精准扶贫精准脱贫的重大意义

党的十八大以来，在党的领导下，各级政府通过体制机制保障和精准识别，完成了6000万贫困人口稳定脱贫的任务，向全面建成小康社会迈进了坚实的一步。精准扶贫精准脱贫工作让国家各项扶贫资金、政策准确落实到

① 《中共中央国务院关于打赢脱贫攻坚战的决定》，《人民日报》2015年12月8日。

需要帮助的贫困户。针对性地对城乡收入差异、就业、医疗、居住、养老等关键民生问题进行帮扶。党的十八大以来的实践证明,精准扶贫精准脱贫让人民群众切实获得了帮助,激发了人民群众共同努力、共建全面小康社会的热情,要打赢脱贫攻坚战,必须坚持精准扶贫精准脱贫。党的十九大报告进一步提出在扶贫工作中以"大扶贫"格局思想全面开展扶贫工作,从贫困地区产业帮扶、基础设施建设和贫困户小额贷款、医疗救助等方面综合开展,重视社会正能量弘扬,加强社会主义文化建设,同教育事业相结合,加强贫困地区的适龄儿童教育和贫困人口技能培训,同时开展农村生态环境治理工作。①

全面建成小康社会,一个不能少;共同富裕路上,一个不能掉队。习近平扶贫思想坚持发展依靠人民、一切为了人民的根本理念,心系民生,心系贫困地区和贫困群众,体现了我党全心全意为人民服务的根本宗旨,体现了人民是推动发展的根本力量的唯物史观,体现了逐步实现共同富裕的目标要求。这正是新时代中国特色社会主义思想的根本要求。

"先富帮后富,最终实现共同富裕"是社会主义发展的重要特色,脱贫致富不仅是贫困地区的事,也是全社会的事。社会主义制度全面建立,为从根本上消除贫困奠定了制度基础。习近平指出,脱贫致富从直观上说是贫困地区创造物质文明的实践活动,但是真正的社会主义不能仅仅理解为生产力的高度发展,还必须有高度发展的精神文明,要让人

---

① 《国务院关于印发"十三五"脱贫攻坚规划的通知》,《中华人民共和国国务院公报》2016年12月20日。

民过上比较富足的生活。① 另外，要提高人民的思想道德水平和科学文化水平，这才是真正意义上的脱贫致富。可见，习近平关于扶贫开发、脱贫攻坚一系列重要论述及其蕴含的丰富内涵，是对170年前马克思主义关于贫困和反贫困理论、毛泽东邓小平"共同富裕"理论的继承、创新和发展。

第二节　脱贫攻坚决胜阶段的主要挑战

自脱贫攻坚战打响以来，脱贫人数一年比一年增加。尤其是在这决胜关头，脱贫工作已进入啃硬骨头、攻坚拔寨的冲刺期。要想取得攻坚战最后的胜利，就必须咬紧牙关，不惜流汗不畏牺牲，决战攻关。打赢脱贫攻坚战，仍然存在以下挑战。

一　部分地区贫困人口多，贫困程度深

截止到 2014 年底，全国有 14 个连片特困地区、592 个全国扶贫重点县、12.8 万个贫困村、2948.5 万个贫困户、5500 多万贫困人口。中西部地区的贫困人口规模仍然较大，贵州、云南、河南、广西、湖南、四川、甘肃、安

---

① 王伟光：《建设新农村是中国特色社会主义现代化的必然要求》，《今日中国论坛》2006 年第 1 期。

徽八省区的贫困人口超过 300 万；西藏、甘肃、新疆、贵州、云南五省区贫困发生率超过 15%；全国重点县和片区县的贫困发生率平均达到 22.1%。经过三十多年来持续不断的扶贫开发，容易脱贫的贫困人口已经基本脱贫，现在所面对的都是居住在资源匮乏、地理位置偏远地区的贫困人群，是贫中之贫、困中之困，往往是"无业可扶"。

二 贫困人口自身发展能力弱，返贫压力大

建档立卡贫困人口文化水平总体偏低、劳动能力不强，超过 92% 的贫困人口是初中以下文化程度，42.2% 的贫困人口主要是因病致贫，16.8% 的家庭缺少劳动力，往往"无力脱贫"。并且由于现存贫困人口大多贫困程度较深，自身发展能力受限，越到脱贫攻坚战的后期，攻坚成本越高、难度越大。以前出台一项政策、采取一项措施就可以解决成百万、上千万人的贫困，现在减贫政策效应递减，需要更大的投入来完成脱贫目标。再者，我国经济进入发展新常态后，经济下行压力持续增大，这也会影响整体就业规模，结构性就业矛盾更加凸显，因此贫困人口的就业难度必然增大。[①] 改革开放后以市场为导向的经济快速发展，成为农村大规模减贫的主要推动力，劳动密集型和出口导向型的产业促进了经济的快速增长，为贫困人口提供了大量的就业机会和创收机会，经济增长呈现出显著的利贫性特征。而进入新常态以来，发展方式从规模速度型粗

[①]　陈哲、朱晓阳、李耕：《中国少数民族贫困及扶贫开发问题的研究现状》，《贫困、发展与减贫丛书：边缘与贫困》，社会科学文献出版社，2012。

放式增长向质量效率型集约式增长转换，增长动力由劳动要素驱动、投资驱动转向创新驱动，这些对劳动者的素质提出了更高的要求。而贫困人口缺乏知识、信息、技术，一些农民工会因此丧失工作重新陷入贫困，返贫压力巨大。

另外，因病、因学、因婚、因房等问题返贫情况时有发生，新的贫困人口还会出现。根据中国扶贫办各地对2016年脱贫真实性开展的自查自纠数据，245万标注脱贫人口回归为贫困人口，我国贫困人口因病致贫的比例超过四成。

三　贫困识别不精准，影响扶贫效果

少数民族地区、边境地区和连片特困地区，贫困程度更深，减贫难度更大。从20世纪80年代中期开始，国家确定的贫困县是主要扶贫对象。2011年，国家又确定了14个连片特困地区。虽然中央2001年开始提出将扶持关注点转向15万个贫困村，但扶贫识别机制很不健全。过去的区域性开发扶贫瞄准的是贫困地区而不是贫困个人，通过大规模的基础设施建设，解决了贫困地区制约发展、减贫脱贫的共性问题。但也暴露了一些矛盾与问题。一些区域开发措施对贫困人口的直接作用不是很明显，有些贫困县以扶贫开发的名义上了大项目，争取到投资，GDP很可能上去了，财政收入上去了，县城建设上去了，但农村贫困人口没有得到真正的好处。一些地方的扶贫一揽子上项目、下资金，往往是有关系、有文化、富裕的人得到信息最快、争取的机会更多、拿到的好处更大，而真正老实巴交的贫困户反而得到的好处很少，扶贫资金往往用不到最穷的人身上。有的学者研究发现，近几年的一些扶贫政策，更多的是改善了贫困地区的一般贫困家庭收入的状况，却对极端贫困家庭影响不大。

四　扶贫脱贫工作仍具备改进空间

扶贫脱贫工作中部分地区存在精准扶贫体制机制还不健全，帮扶措施还存在"大水漫灌"或缩小版"大水漫灌"现象。贫困地区政绩考核偏重于地区生产总值，针对贫困户的政策措施整体上缺乏精确性、连续性、全面性，存在对精准扶贫、精准脱贫的认识还不到位等问题。在扶贫开发中，扶贫合力还没有形成，相关扶持政策衔接还不够，社会没有充分动员，社会力量明显参与不足，影响了脱贫攻坚战中政策制定的初衷实现以及政策落实的具体效果等。

深入了解此类问题的具体情况，必须通过深入扶贫第一线开展调研，掌握扶贫脱贫实际情况，才能通过更加精准手段助力国家脱贫攻坚。

第三节　深入开展"百村调研"，为脱贫攻坚献计献策

习近平总书记指出，扶贫开发贵在精准，重在精准，

成败之举在于精准，这是对党的扶贫理论的新发展。习近平同志对扶贫工作提出精准要求，意味着要撬起贫困这座大山就要利用精准这根杠杆。精准扶贫是全面建成小康社会的根本需要，深刻体现了社会主义本质要求和党的为民情怀。开展实地调研，是精准扶贫精准脱贫重要工作内容之一。习近平总书记进一步指出："地方调研的目的只有一个，就是看真贫、扶真贫、真扶贫。不了解农村，不了解贫困地区，不了解农民尤其是贫困农民，就不会真正了解中国，就不能真正懂得中国，更不可能治理好中国。各级领导干部一定要多到农村去，多到贫困地区去，了解真实情况，带着深厚感情做好扶贫开发工作，把扶贫开发工作抓紧抓紧再抓紧、做实做实再做实，真正使贫困地区群众不断得到真实惠。"

中国社会科学院领导高度重视精准扶贫精准脱贫调研工作，始终围绕中国特色社会主义建设大局，开展一系列深入了解国情、社情的重大调研项目，加强理论联系实际，进一步发挥党中央国务院的思想库与智囊团的作用。由中国社会科学院副院长、党组成员李培林担任总课题组组长，在全国范围内选取约100个具有代表性的贫困村开展调查，对一线扶贫工作的开展情况和实际贫困现状、成因、扶贫效果进行评估，取得大量的第一手资料，以期为中国扶贫政策制定提供理论依据。

2017年6月30日，第十八届中共中央委员，时任中国社会科学院院长王伟光亲率课题组赴北川对精准扶贫、精准脱贫工作情况进行国情调研并召开座谈会，王伟光院长强调，打赢脱贫攻坚战是党中央、国务院做出的重大战

图1-1 时任中国社会科学院院长王伟光在北川县国情调研座谈会就精准扶贫精准脱贫发表重要讲话

（刘涛拍摄，2017年7月）

略部署，是我们党向人民做出的庄严承诺。要切实将脱贫攻坚工作全面纳入法治化轨道，依法管控脱贫攻坚关键环节，做到精准扶贫、精准脱贫，为法治助推脱贫攻坚提供坚强保障。[1] 要扎实推进贫困地区基层治理体系和治理能力现代化建设，完善立体化、信息化社会治安防控体系建设格局，夯实脱贫攻坚法治基础，提炼总结更多"绵阳经验"和"北川模式"；要结合本地区本部门实际情况，大力发展民族文化特色事业，尤其注重对羌族历史文化挖掘，争取更多重大项目落户绵阳，在培育特色优势产业、推动精准脱贫上下更大功夫，带动更多贫困群众脱贫奔小康。

中国社会科学院数量经济与技术经济研究所所长、研究员李平同志在听取北川县经济社会发展情况报告后指出：

---

[1] 王伟光：《加强民族地区发展稳定调查研究，为全面建成小康社会献计献策》，《民族研究》2015年第5期。

当前中国经济整体仍然处于转型换挡期，GDP 增长速度进一步放缓，产能全面严重过剩，在这一严峻的宏观环境下北川县如何通过推进供给侧结构性改革，促进产业结构转型升级，形成新的经济增长动力是一个巨大挑战，这需要北川县政府在扶贫攻坚过程中打开思路，积极探索。李平所长建议北川县重点抓好四个方面工作：一是新技术引领，充分把握新一轮科技革命和产业变革孕育兴起的重大机遇，特别是抓住以"大智移云物"为代表的新一代信息网络技术发展趋势，通过大力实施"互联网＋"战略等实现跨越发展；二是特色产业支撑，在国家产能严重过剩背景下，地方政府无法通过招商引资发展具有规模效应的产业，来迅速扩张地方经济，必须以特色产业为基础，大力推动农业、旅游业等县域特色产业深化再造和精细化；三

图 1-2 中国社会科学院数量经济与技术经济研究所所长李平（右）
同李群教授交流当地特色产业发展情况
（刘涛拍摄，2017 年 7 月）

是以中心城市为依托，中心城市是创新主体，是带动区域发展的根本动力，中国城镇化发展会进一步呈现中心城市聚集趋势，北川县需要积极与绵阳进行产业和就业对接，主动承接产业转移和辐射；四是与对口单位配合，一个地区欠发达主要根源在于观念落后，对口支援单位不仅是北川的物质财富，更是北川的观念和信息财富，对口单位都来自中国发达地区，应该成为北川更新观念扩大开放的策源地，紧紧抓住机遇不放。李平所长还表示，中国社会科学院数量经济与技术经济研究所愿意贡献智力资源，帮助北川县更好地实现产业升级。

北川县政府深入基层，从实际情况出发，研究出一套程序规范、公开公正、对象准确、群众认可的精准贫困识别工作方法，2016年全县共精准识别出贫困村93个，贫

图1-3　中国社会科学院数量经济与技术经济研究所书记李富强（左）
同李群教授交流农村基层治理经验
（刘涛拍摄，2017年7月）

困人口 5927 户 17460 人，切实摸清了贫困底数。并且通过干部驻村帮扶、保障工作管道畅通实现了干部到位、责任落实、全面覆盖的精准结对帮扶，县乡村千名干部与 5848 户贫困户结成帮扶对子，76 个县级部门和单位选派的 93 名第一书记全部到位，83 名农业技术人员实现了贫困村农业技术扶贫全覆盖，73 个民营企业与 62 个贫困村签订帮扶协议。北川县还"因地制宜探索精准脱贫的有效路子，多给贫困群众培育可持续发展的产业，多给贫困群众培育可持续脱贫的机制，多给贫困群众培育可持续致富的动力"。

本次调查的北川县香泉乡紫霞村是"精准扶贫精准脱贫"百村调研对象之一，是北川县地震受灾地区，属于西南少数民族地区，在扶贫脱贫上具有代表性。通过科学设计、合理抽样对紫霞村扶贫脱贫情况进行调研，有助于准确把握四川西北民族地区扶贫脱贫工作开展情况。

第二章

紫霞村精准扶贫精准脱贫
调研及分析

中国社会科学院国情调研是国家财政全额拨款支持的大型调研项目，通过调查全面翔实地掌握经济社会运行状况，推动研究深入发展，以更好地发挥政府智囊团作用。"精准扶贫精准脱贫百村调研"是在国情调研总体框架下展开的特大国情调研项目，目的是服务中央精准脱贫大局，为进一步的精准脱贫事业提供经验和政策借鉴。基于此，紫霞村项目组根据当地情况，对四川省绵阳市北川县香泉乡紫霞村开展了贫困户、脱贫户问卷调查，收集整理村问卷60份，并且进行了村问卷调查，掌握了紫霞村贫困户、脱贫户的整体情况，各类产业、教科文卫等各方面具体情况。

在对紫霞村开展问卷调查的同时，项目组还对香泉乡紫霞村进行实地走访，对贫困户、脱贫户进行入户调查，选取擂鼓镇盖头村、金龟村两个地理位置和产业结构有差异的行政村进行调研，丰富了本次调研的成果，为比较研究提供了资料支持。紫霞村项目组在"精准扶贫精准脱贫百村调研"特大国情调研项目所规定的调查方法下，结合当地实际，设计出切实可行的调查方式。

第一节　精准扶贫精准脱贫调研方法

精准扶贫精准脱贫的调研，本着科学合理的抽样原则，在可操作范围内尽量选取科学合理的样本数量，在总体规划上采用户问卷调查、村问卷调查、小型座谈会调查等方式。[①]

科学抽样和严格执行抽样调查是成功的重要条件，既可以避免对样本户的选择性偏差，又可以保障代表性。科学抽样的前提是获取村住户花名册和建档立卡贫困户名单，对该名单进行整理、核实和确认，避免重复和遗漏，排序后，进行总体编号，随后不再变动，作为抽样的最终依据，即样本框。考虑到村民以及建档立卡系统信息的变动性，两份名单均以 2016 年底为准。其中，建档立卡名单必须包含已脱贫户。

问卷调研拟收集 60 户以上的样本，原则上贫困户和

---

① 李培林、丁少敏:《评价农民生活水平的综合指标体系及其应用》,《社会学研究》1990 年第 2 期。

非贫困户各占50%，如在调研中确实有困难无法满足以上要求，可适当调整贫困户和非贫困户的比例，但是总样本数必须达到规定要求。

其中，村问卷内容包括村民问卷填写、村两委访谈、村民代表访谈（小规模座谈会）、各种专题性调查等。在完成村问卷调查后，需要进行进一步的补充调查，对比两次调查结果中贫困情况的变化和扶贫成效。

进度安排上，精准扶贫精准脱贫的样本村至少调研三次。第一次主要目的是对行政村进行摸底调查，填写村问卷，收集住户资料信息，并就相关问题开展初步调查（要求收集村民花名册、建档立卡贫困户数据）。其中要求提交的汇报材料包括：村庄基本情况和五年来的发展变化情况；村庄集体经济发展情况；村庄治理基本情况；村庄人员组成、两委交叉、人员变动、竞选和投票情况；村干部社会经济背景与职务演变情况；村庄发展项目和扶贫项目的争取和落实情况；村学校和教育发展情况；劳动力技能培训开展情况；劳动力外出务工就业情况；贫困户精准识别和调整情况。第二次调研的主要内容是严格开展住户抽样问卷调查，并辅以其他调查。第三次就相关问题开展补充性和扩展性调查。在此期间可以直接进行入户访谈，同当地村支书、扶贫办领导进行小型座谈会，讨论扶贫过程中遇到的实际问题与困难，获取第一手的扶贫开发资料（包括当地扶贫办开展调查的统计资料、汇报材料，对贫困户和脱贫户访谈过程中所获取的影音图像资料等）。

子课题要求累计调研量不低于30个工作日。

第二节　紫霞村扶贫基本情况

在开展帮扶工作时，要结合当地自然条件、交通条件、风俗习惯等因素综合考量，弄清楚能做什么，充分发挥地方资源优势，只有这样启动扶贫项目才有资源基础，贫困户才会觉得项目有希望，脱贫有奔头。为此，项目组通过对典型的脱贫村的脱贫方式进行总结，发现河南省孟州市小石庄村、河北省秦皇岛市大森店村、山西省太原市陈家庄村、甘肃省定西市元古堆村均结合自身条件，蹚出了适合自身发展的脱贫之路（见表2-1）。

表2-1　部分省份扶贫情况

河南省孟州市小石庄村（河南省省级贫困村）：加强基础设施建设	
扶贫前基本情况	地处孟州市边远的西部岭区，全村89户321人，其中贫困户22户64人，耕地以小麦、玉米为主，是典型的以农业种植为主的小村。闭塞的交通条件、复杂的地理环境加之青壮年人口的流失导致全村很贫困
扶贫主要思路	以党建为统领，加强村支两委建设；以项目建设为重点，夯实农村农业发展基础；以产业发展为根本，提升脱贫攻坚质量和成效
扶贫成效	筹建太阳能光伏发电站，投资70万元建设农田水利工程；修建排水沟240米，解决了小石庄村下雨村内积水问题
河北省秦皇岛市大森店村（"十二五"扶贫开发重点村）：房屋翻新，改善生活条件	
扶贫前基本情况	总人口828人，耕地面积585亩，山场面积达3000多亩。该村人多地少、种植结构单一。村民分散居住在几公里长的两条山沟中。村里的房屋大多建在山坡上，缺少水源，交通不畅，农副产品、生活物资运输十分艰难
扶贫主要思路	按照精准脱贫和进一步巩固提高的总体要求，村里制定了发展乡村旅游、乡村养老和建设生态采摘园的规划项目
扶贫成效	2012年县里投资5773.9万元，在大森店村区域临近公路的空地上，集中建设了新民居2.7万平方米，共搬迁238户788人。整个小区全部采用太阳能取暖，解决了村民冬季取暖的后顾之忧。2014年10月，新小区还建成了5000平方米的老年公寓，供60岁以上老人免费入住

山西省太原市陈家庄村（西部地区贫困村）：增加教育投入	
扶贫前基本情况	截至 2015 年，全村还有建档立卡贫困户 88 户 288 人，人均纯收入不足 2500 元，贫困发生率达到 30%； 村民中专以上文化程度的占到 4%，高中毕业的占 5%，小学到初中文化的占 88%，没上过学的只占 3%。文化程度低和缺少技术，导致 58% 的人贫困
扶贫主要思路	改变贫困面貌的主要抓手是加大教育投入的扶持力度
扶贫成效	村民九年义务教育结束后，或读高中继续升学，或去职业技术学校学习一技之长，而读大学的人数占到 1/3 以上。从大学本科生到研究生，陈家庄走出了不少人才
甘肃省定西市元古堆村（西部连片贫困地区）：引入外部企业力量	
扶贫前基本情况	2012 年全村 447 户家庭中超过一半被确定为贫困户
扶贫主要思路	甘肃各项政策向扶贫倾斜，各种资金向扶贫聚集，更多项目向扶贫靠拢，各方力量向扶贫整合
扶贫成效	爱心企业对口帮扶，企业发起成立公司，村民入股； "企业 +"模式衍生了 6 种类型："母畜寄养、农户分红"模式、资产收益扶贫模式、精准扶贫专项贷款企业大户带动模式、互助增信贷款模式、土地入股模式、"企业主办 + 群众入股"联办经营实体。这些模式适应了不同群众的不同需求，让村民过上了好日子。2014 ~ 2015 年为 300 多户贫困群众发放红利 42.3 万元。与此同时，该村坚持走"公司 + 农户""合作社 + 农户"发展的路子，共同推进梅花鹿养殖、苗木繁育、鹿茸酒加工、山泉水生产等特色富民产业

香泉乡始终坚持以率先全面建成小康社会为总体目标，以脱贫攻坚为主线，大力实施"品牌先导、绿色崛起、双创驱动、开放粘合"战略，围绕特色产业培育、基础设施改善、幸福美丽新村建设、"互联网 + 大香泉"品牌先导四大工作重点，强化组织引领，推进发展，通过"党建带、政府引、力量聚、能力培"，确保精准扶贫政策

落实到人、关爱措施帮扶到人、感情交流到人,强力推进精准扶贫,切实增加群众收入,实现脱贫致富,率先全面建成小康社会。

香泉乡地处北川羌族自治县东南部,土地面积45平方千米,辖12个村59个村民小组和1个场镇社区,2332户8023人。2014年,紫霞村、紫山村、流溪村、太平村被确定为省级贫困村,确定精准脱贫对象278户931人。2014年脱贫31户107人;2015年脱贫58户203人;2016年上报脱贫54户155人,紫霞村退出贫困村序列;2017年拟脱贫349人,太平、紫山、流溪三村退出贫困村序列。力争2017年全乡贫困村退出、贫困户全部脱贫后,实现3年集中攻坚,2年巩固提升,1年全面小康的奋斗目标。

其中,紫霞村地处北川羌族自治县香泉乡西南部,距乡政府驻地12公里,辖有4个村民小组119户418人,全村共有劳动力264人,占总人口的63.2%,有党小组1个,党员17名,其中女性党员3名。全村土地面积2.1平方千米,皆为山区,海拔700~900米(850米以上无人居住),全村现有耕地面积650亩,退耕还林地24亩,其他林地2400余亩。其主要特征如下。

贫困人口多。建档立卡贫困户21户66人,贫困发生率17.5%,是2014年全县93个建档立卡贫困村之一。2016年计划21户贫困户66人全部脱贫,目前21户贫困户的主要致贫原因是:缺劳动力、残疾、孩子上学、生重病、无资金。具体又可细分为九种:无劳动力

4户8人；因病缺劳动力10户32人；因病因学缺劳动力1户5人；因病因残1户5人；因学缺劳动力1户2人；因病1户2人；自身发展动力不足1户4人；缺资金、因病、因学1户4人。

基础设施比较落后。道路、排洪渠设施需要改善，因路窄、坡陡、弯急，多车辆会车难。2.3公里村道的通行条件差（该项目2015年8月已启动实施，解决了上述问题），但全村仍有0.8公里土路、人畜饮水及农田灌溉水源困难，制约本村交通及农业产业发展，亟须解决。

整体收入水平和民生状况仍然堪忧。2014年紫霞村人均纯收入5021元，外出务工132人，占劳动人口的50%，外出务工收入占人均收入的70%。2015年外出务工156人，其中全家外出务工21户。2014年，紫霞村有低保8户11人，残疾人18人（5人有证）、五保户3人，人均年收入低于3000元的绝对贫困户21户66人。群众住房条件和居住环境较差。

紫霞村以群众脱贫奔小康为工作的出发点和落脚点，以特色农业发展和基础设施提升为抓手，力争彻底扭转紫霞村贫穷落后的面貌，消除绝对贫困户，形成可持续发展的产业模式，人居环境显著改善，公共服务基本覆盖，基本建成"业兴、家富、人和、村美"的幸福美丽新村，2020年实现全面小康。2016年全乡脱贫56户155人（紫霞村21户66人），紫霞村退出贫困村序列。

第三节　紫霞村问卷调查结果分析

住户调查问卷涉及的一级指标包括家庭成员、住房条件、生活状况、健康与医疗、安全与保障、劳动与就业、政治参与、社会联系、时间利用、子女教育、扶贫脱贫 11 个方面。

其中，实地调研采取问卷调研与访谈相结合的方式，首先在调研的前期准备中，设计针对不同时期、不同户主的调查问卷，问卷采取先期角色设定的方式，例如针对精准扶贫精准脱贫政策及建议等问题，针对贫困人口设置政策执行过程中的问题及建议等。其次针对调研将涉及的贫困村、扶贫政策的正式解读等，将通过访谈的形式，形成访谈笔记。

村问卷调查的主要项目包括八个方面，见表 2-2。

表 2-2　紫霞村问卷调查主要项目

基本情况	村庄五年来的发展变化
集体经济发展情况	村庄集体经济发展情况
治理基本情况	村庄人员组成、两委交叉、人员变动、竞选和投票情况
村干部情况	村干部社会经济背景与职务演变情况
村庄项目情况	村庄发展项目和扶贫项目的争取和落实情况
教育情况	村学校和教育发展情况
人力资源开发情况	劳动力技能培训开展情况
劳动外出情况	劳动力外出务工就业情况
精准扶贫情况	贫困户精准识别和调整情况

在本次住户调查中，根据紫霞村实际村住户比例，确定自"精准扶贫精准脱贫"调查工作开始以来的脱贫户17户，非贫困户43户，脱贫户和非贫困户所占比例见表2-3。

表2-3　紫霞村被调查户中脱贫户与非贫困户比例

户别	户数	占比
脱贫户	17 户	28%
非贫困户	43 户	72%

资料来源：精准扶贫精准脱贫百村调研－紫霞村调研。
说明：本书统计图表，除特殊标注外，均来自紫霞村调研。

一　基本情况

在住户规模上，调查样本中紫霞村村民家庭规模多为每户3~4人，贫困户家庭规模比非贫困户规模小，家庭劳动力较少一定程度上阻碍了贫困户收入的提升（见图2-1）。

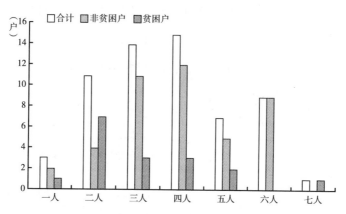

图2-1　紫霞村贫困户与非贫困户家庭规模统计

在年龄构成上，剔除被调查户中在家时间少于6个月的家庭成员，可以发现紫霞村被调查户的年龄构成呈现了老龄化和青壮年劳动力缺乏的特征，有效调查样本中20～39岁的青壮年人口仅为9人，40～49岁人口11人，50岁及以上人口61人，未来10年紫霞村将进入严重老龄化阶段，另外紫霞村19岁及以下人口14人，农村留守儿童较多（见图2-2）。

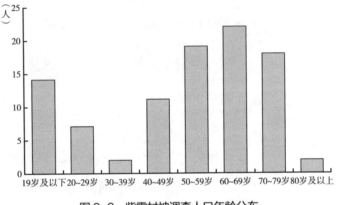

图2-2　紫霞村被调查人口年龄分布

户主年龄更加反映了紫霞村人口老龄化的特征，紫霞村50岁及以下的户主仅有2户，50～59岁的户主9户，60～69岁户主9户，70～79岁户主8户，80岁及以上户主2户（见表2-4）。

表2-4　紫霞村被调查家庭户主年龄分布

单位：户

49岁及以下户主	50～59岁户主	60～69岁户主	70～79岁户主	80岁及以上户主
2	9	9	8	2

二 住房情况

　　根据调查问卷的数据，所有的被调查户拥有至少一套自有住房。紫霞村被调查户人均住房面积 41 平方米，剔除居住时间少于 6 个月的村民，长期居住在农村的住户人均住房面积是 78.5 平方米。脱贫户人均住房面积 29.4 平方米，剔除居住时间少于 6 个月的村民，长期居住在农村的脱贫户人均住房面积是 60 平方米。

　　由于紫霞村村民的住房大多数是地震灾后重建，因此配套设施较为齐全，住宅大多配备了上下水道，做到户户通电，并配有独立卫生间，一部分居民已经安装了太阳能热水器。紫霞村 59% 的被调查户是在地震灾后重建房屋，10% 的被调查户在近年来重建住房，31% 的住户是 2008 年前的原有住房。

　　对于脱贫户住房满意度情况调查，有 81% 的脱贫户对当前的住房状况非常满意，14% 认为比较满意，5% 认为一般满意，相对良好的住房条件，让村民基本具备了安居乐业的条件，紫霞村村民整体的住房满意度略低于脱贫户

图 2-3　紫霞村地震后的危房（左，已弃置）和扶贫翻修后的住宅

（刘涛拍摄，2017 年 7 月）

的满意度，其中 74% 非常满意，22% 比较满意，一般满意为 4%，同时一些村民有通过提高自身收入，进一步改善当前住宅状况的意愿（见表 2-5）。

表 2-5　紫霞村整体及脱贫户住房满意度情况

单位：%

满意度	一般满意	比较满意	非常满意
整体住房满意度	4	22	74
脱贫户住房满意度	5	14	81

三　收入支出情况

问卷调查结果显示，2016 年 60 户村民的户均年收入为 53226 元，脱贫户户均年收入为 45676 元，略低于总体调查对象；总体调查对象平均每户年净支出为 14347 元，脱贫户年净支出为 11798 元；总体调查对象平均每户年净收入为 38879 元，脱贫户年净收入为 33878 元（见图 2-4）。

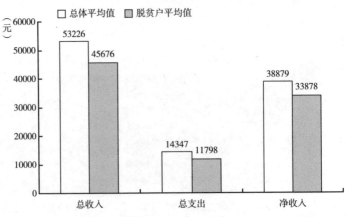

图 2-4　2016 年紫霞村总体及脱贫户户均年收入支出情况

根据调查问卷，村民收入的主要来源是工资，占到75%，另外农业经营收入和非农业经营收入分别占到10%和4%，财产性收入占5%，赡养性收入和低保金分别占1%和4%。脱贫户的收入构成中工资性收入占了73%，农业经营收入占到7%，低保金较高，达到9%（见表2-6）。

表2-6　紫霞村总体及脱贫户收入来源分布

单位：%

收入来源	工资	农业经营收入	非农业经营收入	财产性收入	赡养性收入	低保金
总体收入	75	10	4	5	1	4
脱贫户收入	73	7	6	2	1	9

进一步分析非工资性和农业性收入，紫霞村调查结果显示，救济款项和农业贷款及其他补贴性收入是村民收入的一个主要来源，平均每户获得的补贴性收入为2176元，由于扶贫政策的倾斜，脱贫户平均每户获得的收入为3927元，养老金、离退休金是村民收入的另外一个主要来源，脱贫户的养老金和离退休金为2977元，平均每个脱贫户享受了1145元的医疗报销费补贴和282元的低保金。礼金收入和赡养性收入较低，对居民的整体收入影响不大（见图2-5）。

紫霞村村民支出的主要方面是非农业经营支出及家庭生活消费支出，分别占30%和45%，食品支出占6%，良好的医疗保障使报销后医疗总支出占比降为7%，因病返贫情况得以缓解。紫霞村入学人口较少，因此教育总支出仅占4%。脱贫户支出的主要方面是农业经营性支出，另外家庭生活消

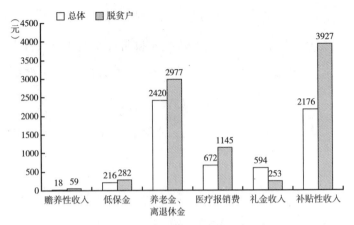

图2-5　紫霞村总体及脱贫户年收入构成

费支出和食品支出分别占 9% 和 13%，脱贫户医疗费报销后，医疗总支出占 3%，低于整体平均水平（见表2-7）。

表2-7　紫霞村总体及脱贫户支出分布

单位：%

支出方面	农业经营	非农业经营	家庭生活消费	食品	报销后医疗	教育	其他
总体	6	30	45	6	7	4	2
脱贫户	66	2	9	13	3	5	2

通过上述对比，课题组发现脱贫户的各项支出远远低于总体平均值，脱贫户家庭规模较小，部分食品来源于自己的农业种植，脱贫户在农业经营上的支出高于平均水平，达到1772元/户，多数脱贫户生活来源仍然依靠农业。

四　生活满意度情况

总体来看，紫霞村村民对现在的生活状况满意度较高，调查对象总体和脱贫户对当前生活非常满意的，分别占到49%和47%。总体调查对象中有7%的认为目前生活状况一般，有18%的脱贫户认为目前生活状况一般。脱贫户的幸福感低于总体水平，有35%的脱贫户感到当前生活比较幸福，低于总体被调查对象9个百分点（见表2-8）。

表2-8　紫霞村村民生活满意度调查情况

单位：%

满意度	非常满意	比较满意	一般
总体	49	44	7
脱贫户	47	35	18

在调查对象对自己生活情况的评价上，总体中有54%的调查对象认为目前生活好了很多，脱贫户中有65%认为目前生活好了很多，35%的脱贫户认为目前生活好了一些，没有脱贫户认为目前的生活同以往差不多或者倒退（见表2-9）。

表2-9　紫霞村村民对自己生活情况的自我评价

单位：%

评价情况	好了很多	好了一些	同以往差不多或者倒退
总体	54	39	7
脱贫户	65	35	0

关于对未来生活的预期，调查问卷中设置了"对未来生活的预期"一题，结果显示大部分脱贫户对未来的生活更加

有信心，有71%的脱贫户认为未来五年的生活会比现在好很多，有23%的脱贫户认为未来生活会比现在好一些（见图2-6）。

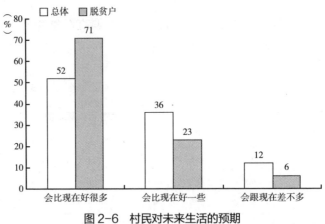

图2-6　村民对未来生活的预期

生活水平同他人比较的调查问卷设计问题为"与多数亲朋好友比，你家过得怎么样"。总体调查结果中"好很多""好一些"选择比例分别是51%和39%。脱贫户认为自己同亲朋好友的家庭状况相比，选择"好很多""好一些"的人，分别占37%和38%，脱贫户对自身和亲友的家庭生活水平主观上的心理落差更大（见表2-10）。

表2-10　调查对象总体及脱贫户同其他亲友家庭生活水平的比较

单位：%

调查对象	好很多	好一些	差不多	差一些
总体	51	39	5	5
脱贫户	37	38	13	12

在生活环境的调查上，紫霞村地处山区，风景秀丽，道路硬化，村内路面均为水泥路，并且就地取材建造了隔离带和垃圾桶，紫霞村周边没有高污染的制造业，调查问卷设置"对你家周围的居住环境满意吗？"问题，结果显示紫霞村村民对家庭周围居住环境整体满意度很高，其中认为非常满意的占75%，比较满意的占19%。

五　健康情况

关于医疗支出情况，在调查户中共计42位村民患有高血压、支气管炎、脑供血不足、腰椎突出、心脏病、风湿病、糖尿病等慢性疾病，2016年平均治疗费用为3459.57元/户，自费医疗费用为2336.17元/户。2016年贫困户患者平均治疗费用为2630.77元/户，自费医疗费用为582.27元/户。

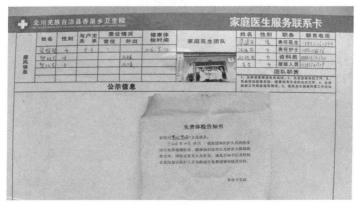

图 2-7　贫困户体检通知及家庭医生服务联系卡
（李群拍摄，2017 年 7 月 6 日）

在具体原因上，一方面年龄较大的村民文化程度不高，接收信息渠道少，科学知识普及特别是医疗科技知识普及难以惠及这一群体；另一方面由于紫霞村整体收入水平低，特别是中老年人可支配收入较低，对于一些危害较为严重的慢性疾病往往不够重视，如高血压、风湿病、糖尿病等，很多村民选择不治疗（见表2-11）。通过不去治疗的原因调查，发现仅有5%的被调查对象是由于经济困难而选择不治疗，有12%患有慢性病的村民是由于医院距离较远，就医不方便而选择不治疗，由于对病情危害不重视而选择不治疗的达到74%（见图2-8）。

表2-11　紫霞村村民患病后选择治疗的途径

单位：%

治疗途径	不治疗	自行买药	门诊治疗	住院	急救
总体	23	30	16	28	3
脱贫户	20	27	13	33	7

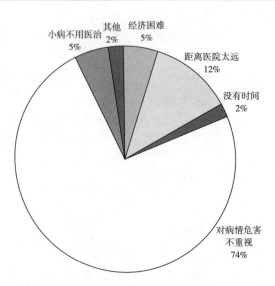

图2-8　村民选择不治疗的原因

在这些疾病对农村患者生活质量的影响上，通过对紫霞村整体的调查课题组发现，目前在行走方面受影响的患病村民占总体患病村民的16%，其中较受影响的占5%；在生活自理等方面，有15%的患病村民受到影响。总体上，受到救助、帮扶的患病群众在行走和生活自理上受到较大影响。

在患病群众的身体健康调查统计上，针对"身体是否感到疼痛或不适"一项，表示没问题的占15%，表示有点问题的占60%，有严重问题的占5%；在心理健康上，患病群众中有62%表示没问题，28%认为有点问题，5%的群众认为自己焦虑或压抑问题严重。总体来看，患病群众的身心健康还是存在一定问题，特别是针对其心理健康应当在进一步调查基础上做研究分析（见表2-12）。

表2-12　紫霞村患病群众的身心健康情况

单位：%

健康情况	没问题	有点问题	有些问题	有严重问题
行走是否有问题	84	11	5	0
洗漱、穿衣方面能否自理	85	5	5	5
身体是否感到疼痛或不适	15	60	20	5
是否感到焦虑或压抑	62	28	5	5

关于紫霞村村民对紫霞村社会治安情况的调查结果显示，有86%的村民认为当前社会治安非常安全，14%的村民认为社会治安比较安全。紫霞村完善的社会治安体系

给村民营造了安居乐业的生活环境。

在关于"未来养老的途径"问题上，有39%的村民把依靠子女作为养老的首选途径，另外依靠个人积蓄和养老金养老的各占19%，需要注意的是，有21%的村民把依靠个人劳动当作养老方式，通过对比脱贫户的养老途径可以发现，脱贫户依靠子女养老的比例比总体低了9个百分点，而通过个人劳动养老的比例比总体高出7个百分点，养老问题在脱贫户中更加突出（见表2-13）。

表2-13　紫霞村村民养老途径选择

单位：%

养老途径	依靠子女养老	依靠个人积蓄养老	依靠养老金养老	依靠个人劳动养老	其他
总体	39	19	19	21	2
脱贫户	30	20	17	28	5

在"关于养老是否有保障"的问题上，大部分紫霞村村民认为有保障，有93%的被调查户认为老有所养，脱贫户在这一问题上的比例较低，为76%，但是仍然有12%的脱贫户认为目前养老没有保障，以及12%的脱贫户对养老问题说不清（见表2-14）。

表2-14　紫霞村村民对老有所养的信心

单位：%

信心情况	有保障	说不清	没有
总体	93	4	3
脱贫户	76	12	12

六 就业情况

在被调查户劳动力就业状况的问题上，通过调研发现目前51%的村劳动力从事固定性职业，41%的劳动力务农，紫霞村村民就业状况比较符合中国农村地区的普遍情况。从事农业的劳动力比例低于其他行业，另外有8%的劳动力从事当地短期工作，劳动力工资性收入的平均日工资是132.10元，相对于务农和本地零工收入水平较高。通过对固定性工资收入的劳动力进行进一步调查课题组发现，有53%的固定性工资收入的劳动力是在省外打工或自营，有35%的劳动力是在省内县外打工或自营，仅有12%的劳动力在县内本乡镇外打工或自营，即使考虑到中国各个地区城镇化的大趋势，目前北川县自身对劳动力吸引力仍显不足（见图2-9）。

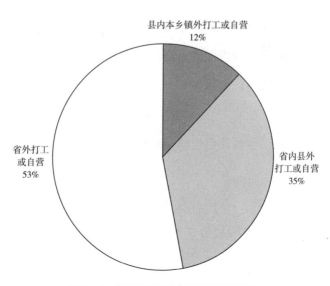

图2-9 紫霞村务工村民就业地区调查

在就业的劳动保障问题上，在 45 个被调查农村劳动力中，仅有 5 人有医疗保险，6 人有养老保险，4 人有工伤保险，所有的被调查样本没有生育保险、失业保险和住房公积金，并且有 4 人遇到过拖欠工资的情况，农村劳动力的各项保障近年来有所好转，但是仍然处于较低的水平。

七　基层党建与村民自治参与情况

在"你或者家人是否参加了最近一次村委会投票"的问题上，被调查户中有 90% 的村民参加了最近一次的村委会投票，有 92% 的村民参加了最近一次的乡镇人大代表投票，在有党员的被调查户中，其参与村委会投票和乡镇人大代表投票的比例为 100%，基层党员很好地发挥了村民自治、积极参与政治生活的先锋带头作用。在文化建设和农村合作上，有 27% 的村民参加了农民合作社，参与比例较低，村内文娱兴趣组织参与度为 35%，各类组织对村民的吸引能力稍弱。

八　学龄儿童抚养及教育情况

针对学龄儿童抚养情况的调查结果显示，紫霞村学龄儿童中同父母一起生活的占 29%，与母亲一方生活的占 12%，与父亲一方生活的占 35%，6% 的学龄儿童在（外）祖父母家生活，另外有 18% 独自生活（见图 2-10）。

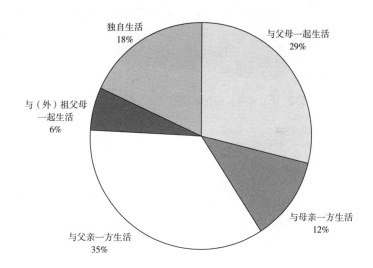

独自生活
18%

与父母一起生活
29%

与（外）祖父母
一起生活
6%

与母亲一方生活
12%

与父亲一方生活
35%

图 2-10　紫霞村学龄儿童的抚养情况

　　针对学龄儿童教育情况的调查结果显示，紫霞村有31%的学龄儿童在本乡镇上学，有44%的学龄儿童在本县城（市、区）上学，有25%的学龄儿童在村里上学；对学校的生活学习条件的调查结果显示，有35%的被调查对象认为学校条件非常好，59%的被调查对象认为比较好，6%认为一般。

九　关于政府开展扶贫的态度调查

　　在"政府为本村安排的各种扶贫项目是否合理"的问题上，紫霞村有74%的村民认为各类扶贫项目很合理，解决了村民的实际问题，有23%的村民认为比较合理。在关于"扶贫对象选择是否合理"的问题上，有73%的被调查

户认为目前扶贫对象选择很合理，有23%的被调查户认为
比较合理（见表2-15）。

表2-15 紫霞村村民对扶贫项目安排和扶贫对象选择是否合理的评价

单位：%

询问内容	很合理	比较合理	一般
扶贫项目安排	74	23	3
扶贫对象选择	73	23	4

"本村扶贫效果评价打分"的村民主观测评结果显示，
83%的村民认为紫霞村扶贫效果很好，超出了预期；有
17%的村民认为政府的各项扶贫措施产生的效果比较好。
在直接享受到的扶贫政策的调查统计上，23户脱贫户中，
有10户享受到"五改三建"帮扶工程，有3户享受了"改
厨改厕"，3户享受到"道路改建"，5户享受到了"产业
发展"所带来的就业提升和收入提高，另外环境提升和慰
问医疗救助各有一户（见图2-11）。

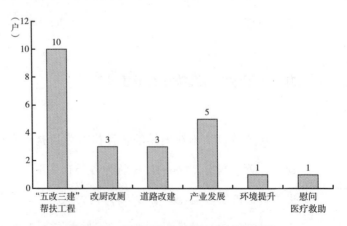

图2-11 紫霞村脱贫户享受帮扶政策情况

在对紫霞村被调查户致贫原因的调查上，有 53% 是生病致贫，5% 为残疾致贫，5% 为教育致贫，32% 是家庭缺乏劳动力，最后有 5% 是缺乏生产的启动资金（见图 2-12）。

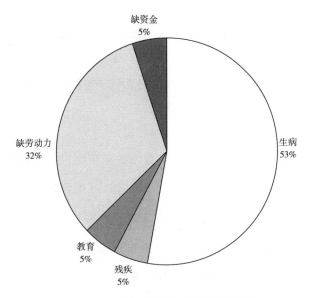

图 2-12　紫霞村被调查户主要的致贫原因

紫霞村实施各项产业扶持政策，帮助村民提升收入，被调查户享受到的主要帮扶措施包括因地制宜开展香妃枣、芋子种植和养殖业等各类技能培训。培训时间一般为 4~7 天，部分培训采用补贴的形式，例如家政培训补贴金额是 150 元，在 30 户享受各类培训的被调查户中，家政培训有 11 户，香妃枣种植、养护技术培训有 13 户，厨师培训有 4 户，服务员培训有 2 户（见图 2-13）。

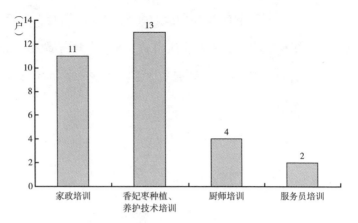

图 2-13　紫霞村被调查户享受的技能培训情况

　　另外，紫霞村扶贫的各项措施主要有技能培训、小额信贷、发展生产、带动就业、基础设施建设。其中被调查户接受技能培训的占 23%，小额信贷占 7%，发展各类生产占 29%，通过各项举措促进就业占 9%，通过改善基础设施条件帮扶占 21%（见图 2-14）。

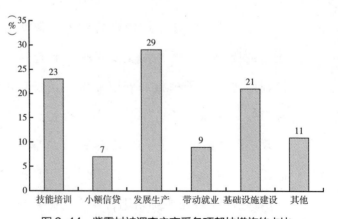

图 2-14　紫霞村被调查户享受各项帮扶措施的占比

第四节　紫霞村精准扶贫精准脱贫的主要措施

一　发挥村党支部战斗堡垒作用

习近平在十八届五中全会上指出，越是进行脱贫攻坚战，越是要加强和改善党的领导。各级党委和政府必须坚定信心、勇于担当，把脱贫职责扛在肩上，把脱贫任务抓在手上。各级领导干部要保持顽强的工作作风和拼劲，满腔热情做好脱贫攻坚工作。脱贫攻坚任务重的地区党委和政府要把脱贫攻坚作为"十三五"期间头等大事和第一民生工程来抓，坚持以脱贫攻坚统揽经济社会发展全局。要层层签订脱贫攻坚责任书、立下军令状。要建立年度脱贫攻坚报告和督察制度，加强督察问责。要把脱贫攻坚实绩作为选拔任用干部的重要依据，在脱贫攻坚第一线考察识别干部，激励各级干部到脱贫攻坚战场上大显身手。要把夯实农村基层党组织同脱贫攻坚有机结合起来，选好一把手、配强领导班子。

"求木之长者，必固其根本；欲流之远者，必浚其泉源。"习近平总书记指出："基层是党的执政之基、力量之源，只有扎实抓好基层工作，让每一个基层组织都成为坚强的战斗堡垒，党的执政地位才能不断巩固，党的事业才能健康发展。"作为最基层的党组织，农村党支部根植于群众中，和群众朝夕相处，工作直接面对群众，离群众最近，与群众有着直接而又密切的联系，其一言一行都影响着群众对党和政府的看法，是党在农村全部工作的组织支撑，是推动党的路线方针政策在农村基层落地生根的核心力量，是团结带领广大党员和群众打赢脱贫攻坚战、全面建成小康社会的战斗堡垒。

图 2-15　课题组同志与扶贫干部合影

（刘涛拍摄，2017 年 7 月）

（一）北川县党建促脱贫，"支部＋"模式引领致富路

北川以党建引领脱贫，夯实基层基础，把党建优势转化为扶贫优势、党建活力转化为攻坚动力，创新开展"支部＋支部""支部＋团队""支部＋项目"党建促脱贫模式，为全县决战决胜脱贫攻坚、全面建成小康社会提供了坚强的组织保障。[①]

北川县制定《党建工作实施方案》《党风廉政建设和反腐败工作要点》，履行基层党建和全面从严治党主体责任，全年召开党组会议专题研究党建和党风廉政建设

[①] 蒋斌、侯成：《灾后农村社区建设中村民社区参与现状与模式研究——以北川县擂鼓镇灾后重建为例》，《社会工作》2009 年第 14 期。

工作18次，召开支部大会部署各项党建工作6次，研究重点关键问题33项。一是建章立制，完善局党组议事规则、局长办公会议制度、工作纪律考勤制度等17项工作制度。落实民主集中制原则和重大事项集体决策原则，凡是涉及重要工作和重大问题，严格按照"集体领导、民主集中、个别酝酿、会议决定"的原则决策。二是加强班子队伍建设。加强班子内部建设，选派2名优秀年轻领导干部担任领导职务；遴选4名优秀扶贫干部、借调3名乡镇基层干部充实局班子队伍。注重基层扶贫队伍建设，抽调县级业务骨干成立4个脱贫攻坚工作推进小组；选派93名"第一书记"到村任职；举办扶贫干部专题培训12次以上，累计培训1500余人次。三是加强干部作风转变。北川县以学习党章党规和习近平总书记系列讲话精神为重点内容，制定了学习教育方案和学习计划，组织党员开展自学、集中学习、专题研讨，发挥党员领学促学作用；北川县深入开展党风廉政建设和反腐败一把手工程，从源头上防范和治理腐败现象，努力配合有关部门抓好反腐倡廉的源头治理工作，推进扶贫系统的党风廉政建设。四是加强基础工作推进。北川县扎实开展"两学一做"学习教育主题活动，高质量完成主题活动各个阶段工作任务。落实"三会一课"制度，坚持每季度召开1次党员大会、每月召开1次党支部委员会、每月召开1～2次党小组会，每季度上一次党课。精心组织召开专题民主生活会和组织生活会，使每一名领导干部和普通党员都接受了一次严格的党内生活锻炼。开展谈心谈话活动，经常性了解干部思想动态，听取意见建议。认真开展党员联系服务工作，局 9 名党员干部与沐羲社区困难群众结对帮扶；联系禹里镇计生三结合户 30 户，发放帮扶资金 4000 元。

图 2-16   中国社会科学院科研局副局长王子豪（左一）
同紫霞村第一书记就扶贫具体做法展开交流
（刘涛拍摄，2017 年 7 月）

1. "支部＋支部"，村村、村企手拉手

在选优配强基层党组织带头人的基础上，北川县开展"村村拉手奔小康"活动，由发展较好的村、先进村帮带贫困村，实行党员共管、产业共建、资源共享，帮助贫困村在产业结构、基层组织及群众文化等方面补齐"短板"。坝底乡远近闻名的高山蔬菜种植基地青坪村与贫困村通坪村结成共建帮扶对子。通过参观交流，通坪村党员群众不仅学到蔬菜种植技术，还学到产业发展经验，增强了脱贫致富的信心。充分动员民营企业参与精准扶贫，开展"民企联村"活动，农村信用社、普网·药博园等 100 多家企业帮扶贫困村，落实帮扶项目 83 个，投入帮扶资金 2248.3 万元，发展特色种植面积 12400 亩，重点打造茶叶、魔芋、白果、白山羊、生态猪等精品农业示范基地，惠及群众五万余名，激活了农村现有资源，推动了村民持续增收。安福魔芋开发有限公司在桃龙乡建立银杏基地 1000 亩，为贫困户提供种子 2 吨、专用肥 2 吨。联合普网·药博园有限公司开展"本草富民"专项行动，依托北川药材种植优势，引领村民大力发展中药材种植。动员企业增加岗位，吸纳贫困户进厂务工；举办"春风行动"现场招聘会，提供就业岗位，接受现场咨询，吸纳就业 3340 人。

2. "支部＋团队"，技术、信息全支持

围绕脱贫攻坚的重点领域和方向，北川县进一步整合人才资源，将优秀人才选派到脱贫攻坚最前沿，最大限度地发挥其作用。采取人才库遴选、单位推荐和个人自荐相结合的办法，聚集文化艺术、企业经营、农业技术等方面人才专家，组成"专家服务团"，并作为脱贫攻坚的"智囊团""顾问组""咨询台"，做到有呼必应、有问必答。专家服务团下设教育、卫生、农技等 8 个与农村工作息息相关的小组，制作发放"专家服务团"工作手册，公布专家联系电话、电子邮箱、QQ 和微信号，采取"集中服务＋个性服务"的方式，每月组织一次集中服务。同时，根据贫困村第一书记和贫困户需求预约服务，随时到村到户指导，群众足不出户就可享受专家咨询服务。在专家服务团的指导下，禹里镇三坪村的淘宝合伙人把红脆李的售卖信息挂到网站，很快销售一空。香泉乡紫霞村在专家服务团的指导下，实施"乡风文明大行动"，新建了文化墙，建立了 IPTV 党员教育和农民培训中心，引导村民在住上好房子、过上好日子的同时，也养成好习惯、形成好风气。专家服务团以组团式服务为基本方式，以问题和需求为基本导向，累计提供企业经营、农业技术、文化旅游等方面服务 2400 多次。

3. "支部 + 项目"，示范、引领强动力

北川县有机整合各类项目资金，大力鼓励党员创新创业，创办领办致富项目，拟用 3 ~ 5 年的时间，培育党员创业致富先锋 1000 名，把党员队伍建设成为示范带动群众发展的中坚力量。北川县发动 190 多名贫困党员参与"党员精准脱贫示范工程"项目，落实生态黑猪养殖、高山蔬菜等精准脱贫项目 93 个。村集体以省、市、县补助资金 2 万元入股，不但村上的贫困户可以分红，村集体经济也有了收入。结合"两学一做"学习教育，深入开展"学兰辉精神，做脱贫奔康先锋"示范行动，培育党员示范户、示范基地、示范片 860 多个，带动贫困群众 5000 多人，党员不仅率先脱贫，还示范引领，彰显了榜样的力量。贯岭乡岩林村贫困残疾党员张其均申报了党员精准扶贫示范工程项目，种植高山生态蔬菜 20 多亩，用单手刨出了致富路，有效激发了村里其他贫困群众"我要富"的愿望，纷纷种植高山蔬菜。

为此，北川县各级部门进行了一系列立项工作，来帮助当地改善农业生产和交通条件（见表 2-16）。

表 2-16　紫霞村扶贫脱贫立项情况（2014～2016 年）

时间	资金来源	项目名称	建设内容	财政补助资金（万元）	备注
2014 年	县级农业发展项目	高山蔬菜基地建设	购买旋耕机 4 台，种植芋子 240 亩	3	项目已实施验收
2015 年	县级农业发展项目	农田灌溉工程	新建提水泵站 1 座，安装管道 3000 米，新建蓄水池 1 口 1200 立方米及其他配套设施	30	正在实施
	县水务局	提水工程	新建提水泵站 1 座，安装管道 2600 米，新建蓄水池 2 口、水源池 1 口、堡坎 35 米	26	正在实施
	县财政局	一事一议	生产便道 1552 米，栅栏 1045 米及农旅休闲区	30	未实施
	县交通局	村道建设	村道扩宽 2.2 公里	65	项目已实施验收完工
	市级农业产业化	紫山、紫霞枣基地建设	栽种香妃枣 500 亩	50	项目已实施验收完工
	县财政局	村级公共运行维护经费	村道绿化；环境卫生整治；村活动阵地建设	5	项目已实施验收完工
2016 年	县扶贫局	财政专项扶贫	五改三建：改厨 93 户、改厕 93 户、改院 87 户；产业发展：种植蔬菜、芋子 250.15 亩	100	正在实施
	县扶贫局	扶贫资金	新建入户道路 400 米、生产便道 1200 米	35.04	未实施
	县国土局	金土地	排洪沟 550 米；生产便道 650 米；抗旱池 1 个 100 立方米	19	正在实施
	县财政局	村级公共运行维护经费	环境卫生整治；修建文化活动广场	5	已申报
合　计				368.04	

项目建成后，村民可实现年年有收益，高山蔬菜项目在 2016 年即可实现人均增收 0.2153 万元。2020 年，香妃

第二章 —— 紫霞村精准扶贫精准脱贫调研及分析

枣种植项目可实现纯收入 250 万元，人均收入 0.6 万元，加上其他产业项目及外出务工等收入，人均收入可达到 1 万元，实现脱贫奔小康。通过"五改三建"、风貌改造，环境综合治理，生活垃圾统一收集处理，村里人居环境得到极大改善，全村群众的生活质量不断提升，为全村经济社会发展奠定基础。

（二）香泉乡通过"党建带、政府引、力量聚、能力培"，推进精准扶贫

香泉乡党委政府高度重视脱贫攻坚工作，加强组织领导，成立以乡党委书记为组长，乡长为常务副组长，班子成员为副组长，各站办主要负责人及村两委负责人为成员的脱贫攻坚领导小组，设立脱贫攻坚领导小组办公室，细化分工，层层落实责任，切实抓好抓实扶贫工作。香泉乡始终坚持以率先全面建成小康社会为总体目标，以脱贫攻坚为主线，围绕特色产业培育、基础设施改善、幸福美丽新村建设、"互联网＋大香泉"品牌先导四大工作重点，通过"党建带、政府引、力量聚、能力培"，确保精准扶贫政策落实到人、关爱措施帮扶到人、感情交流到人，强力推进精准扶贫，切实增加群众收入，实现脱贫致富，率先全面建成小康社会。坚持在班子上配强，调整不胜任的村级组织带头人及成员，选派机关中层干部担任后进村党支部书记，推荐熟悉计算机业务的大学生村官任首家农村淘宝村级服务站所在村村委会主任；坚持在产业上使劲，针对各村资源禀赋、原有产业，结合市场分析，优化产业

布局，以林下生态土鸡、猕猴桃、香妃枣、高山蔬菜为重点，建设特色农产品基地，实现集约化规模化；坚持在群众中讲法，积极开展"法律进乡村"活动，努力推动形成办事依法、遇事找法、解决问题用法、化解矛盾靠法的良好法治环境，在法治轨道上推动精准扶贫工作；坚持在责任环境上落实精准扶贫责任，从党委书记到联村领导、驻村干部和第一书记人人联系扶贫对象，将帮扶措施、帮扶效果纳入考核，并作为先进评比、提拔推荐、奖励惩处的重要依据；在素质环境上引领群众教育群众，改变等靠要心态，强化奋斗意识，提升综合素质、增强发展后劲；在居住环境上注重整治，激发群众爱美心理，实现宜居宜业。

在各级党委政府的坚强领导和职能部门的大力支持下，香泉乡已脱贫 143 户 465 人，贫困村基本实现了"六个起来"。一是主导产业强起来。依据"两沟一坎"地形地貌，"一带四基地"特色农业产业基本确立——建成百万只林下生态土鸡养殖带，1000 亩猕猴桃基地、1000 亩香妃枣基地、1000 亩核桃基地、1000 亩高山蔬菜基地。在紫霞村、紫山村建立香妃枣基地、高山蔬菜基地、猕猴桃基地，在流溪村、太平村建立林下土鸡养殖基地、蔬菜种植基地。以"大香泉"品牌为引领，运用"互联网＋生态农场"，实现线上线下相结合，将香泉特色农产品统一品牌、统一标识、统一网上销售平台，运用 O2O 模式，借助四川世纪云道科技有限公司平台、淘宝平台、手机终端等现代化形式，推动"香泉六宝"——林下土鸡、土鸡蛋、香妃枣、猕猴桃、高山蔬菜、核桃行销全国。强力推进精准扶贫，切实增加群众收入。二是基础设施好起来。主动衔接职能部门，2013~2015年全乡整合各类项目资金4500余万元，调动受益群众积极性，修建农村道路9.82公里，沟渠1360米，生产生活便道3.9公里，修建五村联合供水工程及三村联合供水解决7000余人安全饮水等；铺设天然气主管道28公里，实现清洁能源全覆盖。三是家庭收入涨起来。2015年，在种植蔬菜、林下土鸡养殖、特色产业发展和外出务工的带动下，香泉乡农村居民人均可支配收入从2013年的7835元增长到10317元，相当一部分精准脱贫对象越过贫困线。四是新风正气树起来。加强社会主义核心价值观教育，发掘宣传身边好人，评选孝老爱亲、敬业创业模范，以身边的乡贤引领新风正气，努力创建"四好村"。积极开展"法律进乡村"活动，努力推动形成办事依法、遇事找法、解决问题用法、化解矛盾靠法的良好法治环境，树立新风正气。五是致富能力提起来。在"富口袋"的同时坚持"富脑袋"，使村民将"要我发展"转变成"我要发展"，积极主动发展产业；主动寻找收集劳务信息，学习种植养殖技术，学习厨师、维修等技能，提高外出务工和在乡创业能力。六是人居环境美起来。结合产业发展，实现人居环境和产业布局深度融合、相互促进，注重城乡环境综合整治的同时，在紫霞村、紫山村发动群众参与，开展改厨改厕、院落美化绿化活动，为乡村旅游奠定产业基础和环境基础；建设文化小广场，为群众提供精神文明活动平台，搭建休闲娱乐健身场所。

（三）紫霞村"第一书记"充分发挥引领作用，扶贫工作迈上新台阶

紫霞村认真贯彻落实习近平总书记关于扶贫工作系列重要讲话精神，根据中央、省、市、县关于实施精准扶贫的安排部署，围绕"两不愁三保障四个好"的目标，按照"2017 年基本脱贫、2018 年提档升级、2019 年率先小康"的工作思路，理清思路、强化责任、增添举措。北川县委、县政府十分注重基层扶贫队伍建设，曾选派 93 名"第一书记"到村任职，帮助贫困户脱贫致富。村党支部第一书记充分发挥引领作用，专心致志、充满激情地做好脱贫攻坚工作；党员干部充分发挥带头示范作用，建立党员精准扶贫示范工程，带动群众发展。

"第一书记"既是一个称谓，更是一种责任，作为紫霞村"第一书记"的黄媛媛，为村子做了许多实事，在重视基础设施建设的同时，更注重村民的精神文明建设，使村民对未来日子更有盼头，努力打造"环境美、精神美、人更美"的魅力紫霞。黄媛媛在接受央视新闻联播的采访中说道："扶贫扶哪里？说到底就是要扶老百姓的需求，扶一件件小事，只有把这些小事解决好了，我才觉得对得起自己这个第一书记（的称号），才算是按照习总书记的要求检视了自己，才谈得上责任和担当。"在政府财政基础扶贫基金支持下，在"第一书记"黄媛媛的带领下，紫霞

村围绕道路硬化、农村电网改造、饮水工程、排洪沟渠、农业灌溉、生产便道等多个方面进行综合治理，经过两年的政策帮扶，全村不仅实现2.3公里长、4.5米宽主道路的全部硬化，6000米生产便道的修建，还通过农网改造工程实现了户户通电，新建的饮水工程让家家通水，解决了人畜饮水问题。对今后村子的发展，紫霞村支部书记陈亮信心百倍地说：以后发展肯定是越来越好，下一步村里重点发展香妃枣和高山蔬菜等产业，同时借助产业大力发展乡村旅游，吸引人气，努力建成"业兴、家富、人和、村美"的幸福美丽新村，不仅要让我们村户户都能增收，更要让紫霞村成为北川的一张名片。

10名帮扶人充分发挥帮扶作用，结合全村产业发展规划和贫困户自身特点，对现有21户贫困户制定精准化、个性化的脱贫规划，确保规划落实，贫困户按期脱贫，2018年全村消除绝对贫困户。截至2015年底，贫困户清退1户8人，新增1户，现有贫困户21户66人。

二　实施村能人引进计划

扶贫开发工作已经进入啃硬骨头、攻坚拔寨的冲刺期，任务相当繁重，采用常规思路和办法，按部就班地干，难以按期完成任务。"授人以鱼，不如授人以渔"，在精准扶贫工作中，必须一手抓"输血"夯实发展基础，一手抓贫困户自身"造血"，增强内生发展动力。

现代社会，"科学技术是第一生产力"。习近平指出：

"科学技术是脱贫致富的关键。我们应当有意识地在推进科学技术进步的进程中,不断提高人们的科学文化素质。建立在科学技术进步基础之上的生产实践,是人们提高科学文化素质的最广阔的课堂。依靠科学技术进步可有效地提高劳动者的素质。"农村的经济活动主要是围绕着农业综合生产展开的,以智慧引领科技武装,促进传统农业发展方式转变,产业结构优化升级,由粗放式发展向产业化、集约化转变是推进农村经济快速发展的关键。除了要加强对农村现有劳动力的职业技能培训外,更重要的是要加大农村农业专业人才引进的力度,并采取有效的措施留住人才,发挥好农业技能人才在科技兴农方面的典型示范和引领作用。

（一）率先开展人才引领计划,深入推进扶贫开发

为进一步贯彻落实中央、省市人才工作会议精神,加快实施人才强县战略,强化基层人才队伍建设,调动拔尖人才干事创业的热情和干劲,联合广大人才决战决胜脱贫攻坚,为建成"大美羌城、生态强县、小康北川"提供人才保障和智力支持,北川县坚定不移地走"脱贫奔康,技术先行"道路,实施"羌山英才"行动计划,"羌山英才"拔尖人才的评选使每年参加实用技能和就业创业培训的人数达4000人次,组建专家服务团送技术下乡,发挥人才在脱贫致富中的引领作用,促进科技成果转化应用,增强就业竞争能力,提升人均收入中的科技含量,为脱贫奔小康提供技术保障和智力支持。

（二）实施人才扶贫工程，助力精准扶贫

组织 96 名专业人才成立 8 个扶贫团队，分批次开展"专家人才扶贫攻坚下基层"活动，采取"专题讲座＋现场指导＋技术攻坚"的帮扶模式，在产业发展、脱贫项目的争取实施、农村专业人才培养等方面给予技术指导和帮扶，共计开展帮扶活动 15 场，涉及中药材、魔芋、蜂蜜、土鸡、肉牛、茶叶、猕猴桃、食用菌等 12 个产业领域，帮扶贫困群众 2000 余名。

（三）创新农民夜校办学模式，提高农民专业技能

北川羌族自治县针对山区地广人稀、群众不易集中的特点，创新农民夜校办学模式，打造"精神扶贫"新平台。通过开办"小组课堂""指尖课堂""田间课堂""TV课堂"四大课堂，提升群众参与率、增强办学实效。目前，全县已建成"农民夜校"311 所，覆盖全县所有行政村，配备专、兼职教师 500 余名，开课率达 100%，累计培训农民 3.4 万余人次。

1. "小组课堂"分类研学

打破单独以村为单位的办学模式，根据产业发展、兴趣爱好，成立各类学习小组 532 个。由专业合作社负责人、外出创业优秀人才、乡贤、土专家、田秀才任小组长，在上好"必修课"的同时，分小组"选修"特色种植养殖、乡村旅游、务工技能、电子商务、羌俗文化等课程。每季度，采取农民"下单"、第一书记"配方"、乡镇党委审

核的模式，确定各村课程清单，实现群众的需求与授课内容有效对接，增强了课程对群众的吸引力，桃龙乡大鹏村3名外出务工党员专程回村参加夜校学习、授课。

2."指尖课堂"远程辅学

建立农民夜校公众号，定时推送扶贫政策、社会主义核心价值观、实用技术等内容。按照"一村一群"要求，建立QQ、微信学习讨论平台。在政务网开设农民夜校专栏，完善网络云盘教材库，定期不定期地上传专家讲座、远程教育视频，群众只需动动手指，就可进行学习。

3."田间课堂"上门送学

全面摸排年老体弱、行动不便的贫困户情况，建立帮学台账，开展结对帮扶、送教上门。在每个村开通农民夜校"乡音广播"，分早、中、晚定时播放学习知识。组建专家服务团、专业技术人员到田间、林地、专业合作社现场授课，面对面讲解猕猴桃管理、白山羊养殖等实用技术，累计送学6200余人次，推动夜校延伸到户、覆盖到人。

4."TV课堂"互动趣学

利用广电网络覆盖优势，协同宣传，广电部门在县广播电视台整合农民夜校"天天学"模块，采取网络互动答题送积分、送红包的方式，充分调动群众参与积极性。全面推行远程教育IPTV模式，实现互动点播学习。

（四）优先发展民族教育，培育高素质人才

习近平2016年在东西部扶贫协作座谈会上指出："摆脱贫困首要任务并不是摆脱物质贫困，而是摆脱意识和思路的贫困。扶贫必扶智、治穷先治愚。贫穷并不可怕，怕的是智力不足、头脑空空，怕的是知识匮乏、精神委顿。脱贫致富不仅要注意富口袋，更要注意富脑袋。"扶智的根本手段就是发展教育。教育从来就是解决贫困的根本路径。2014年12月，习近平在中央经济工作会议上指出，"要让贫困家庭的孩子都能接受公平的有质量的教育，不要让孩子输在起跑线上"。2015年2月14日在陕西考察工作的习近平来到杨家岭福州希望小学，对大家说："教育很重要。革命老区、贫困地区要脱贫致富，从根儿上还是要把教育抓好，不能让孩子输在起跑线上。"发展乡村教育，让每个乡村孩子都能接受公平、有质量的教育，阻止贫困现象代际传递，是功在当代、利在千秋的大事。北川县党委牢固树立"扶贫必扶智、治穷先治愚"理念，率先实施农村义务教育学生免费午餐券政策并启动民族地区十五年免费教育计划，顺利通过国家义务教育均衡县创建评估，适龄儿童接受九年义务教育率100%，初中毕业生升学率99%，60%的贫困大学生得到助学补助，为有效阻断贫困代际传递创造了条件。是否出现贫困的代际传递是衡量扶贫成果的标准之一，而预防或化解代际贫困，需要政府与社会双向配合，支持贫困家庭子女求学受教，培育出高素质人才，使其能够在参与生产劳动的过程中获得相应的工薪报酬，以自身能力带领全家脱贫。一方面北川县各级政府部门加大教育资金的投入和贫困生生活费用补助的力度，并为特困家庭子女争取"雨露计划"名额；另一方面也将社会捐款与银行贷款合理搭配，针对绝对贫困和相对贫困家庭分类配置捐款与贷款，以确保贫困生不会出现因贫辍学问题。在创业上，政府在各方面给予必要的资助和政策性保障，鼓励毕业生返乡进行自主创业或从事农业生产活动，让专业人才拥有可以发挥才华的舞台，一系列举措的实施，使北川人才引进、聘用工作取得显著成效。

三 实施项目引进规划工程

（一）大力打造"互联网＋农业"电商扶贫产业

为了深入推进电商扶贫工作，引导和支持电子商务与精准扶贫深度融合，北川县扎实打造电商扶贫产业，在网点建设及运营、创新电商扶贫机制、打造电商品牌等方面取得了显著成效。截至 2016 年 10 月，全县规模以上、限上企业触网率达到 90%，预计实现电子商务交易规模 51.23 亿元，电商零售额 3.83 亿元。

1. 筑牢电商基础

一是推进县、乡、村三级电商服务体系建设。建成北川电商产业港（包括 O2O 体验中心、物流仓储中心、培训中心、孵化中心等）县级服务中心，其中常驻企业 51 家，创客 21 名；建成电商平台 4 个，电商经营主体 480 家，建成乡、村级服务站点 166 个，其中"邮乐购"114 个，"大农汇"9 个，农村淘宝 43 个。二是推进仓储物流体系建设。建成物流体系 2 个 5 条邮路，其中与农村淘宝共建菜鸟物流体系 1 个，县级仓储物流综合配送中心（邮政物流体系）1个，23个乡镇实现全覆盖。三是推进人才保障体系建设。开展电商培训8000余人次，其中：专业培训农村创业青年、种养大户、农民专业合作社及企业电商负责人6800余人次；以"一对一""一对多"的形式培训群众1200余人次，指导村民使用手机电脑，并通过微信、网店进行网销、网购。

2. 创新电商扶贫模式

一是服务站全覆盖。建成35个贫困村村级服务站点，其他贫困村通过资源整合、辐射带动等方式实现电商服务站点全覆盖。二是以成功创建第二批国家级电子商务进农村综合示范县为契机创新电商扶贫模式，大力与阿里巴巴、天猫旗舰队、苏宁易购、京东等电商"巨头"合作，组建县级农产品B2C、O2O体验馆，推广网上团购，积极发展"网订店取""网订店送"等新兴配送模式。三是便民利民服务。41个农村淘宝服务站点实现交易额2411万元，直接为村民节约资金192万元，为100多个村社的插花贫困户带来便利服务；114个"邮乐购"服务站点，实现23个乡镇、311个村电商网络全覆盖，偏远山区的村民足不出户便可享受缴纳电费、电话费、小额存取款等便民服务。四是联合电商企业。鼓励电商企业主动融入精准扶贫，全县60余户电商企业参与精准扶贫，仅普网·药博园就吸引119家中药材企业落户平台，23家落户北川从事中药材加工，吸纳创业人员近200人，实现线上交易总额18.6亿元，缴纳税收1300余万元，其中12家企业与当地群众共建标准化中药材种植基地6000余亩，解决2000

余贫困人口就地就业，为当地药农解决卖药难、收入低的问题，实现药农人均增收3000余元。五是深化政策扶贫。整合各项扶贫政策资源，全方位、多角度支持贫困群体、残疾人从事电子商务，贫困户愿意从事电商工作的，给予电脑、照相机等硬件设备的支持。通过扶贫周转金、"农村淘宝"、"旺农贷"等渠道，为贫困户提供免抵押、免担保的农村金融服务，并为建档立卡贫困户发展电商提供贷款贴息等政策支持。

3. 打造电商品牌

一是加强电商经营主体培育。培育维斯特大宗农产品交易市场、普网·药博园等平台企业4家，禹珍、阿朵姑娘、羌山雀舌、安福魔芋等电商经营企业130余家，个体网商、微店350余家。与阿里巴巴、京东、携程等平台企业建立战略合作关系，引进连连看、定丁实业、泊洲网络科技、四川壁虎等电商企业，重点开展平台网销农特产品开发、推广、电商培训等工作。二是营造电商发展氛围。在四川首届电商峰会上，北川作为唯一的县市区代表，其相关负责人做了交流发言，得到参会代表的高度认同；举办"情系大美羌城，圆梦小康北川"北川首届返乡大学生创新创业座谈会；启动以"全球年货、团圆盛宴"为主题的阿里首届年货节，实现订单总数12000余单、交易总额160余万元；开展"百县万村战春耕"活动，累计交易农资农具238万元，排名全省第四；"6·18"家电节期间，全县41个村淘服务站累计完成交易额815万元，排名全省第二。三是打造北川电商品牌。

图 2-17　电商服务站入驻紫霞村，助力农产品销售

（李群拍摄，2017 年 7 月）

借助 5A 级景区、中国米黄大理石之乡和四川省无公害农产品生产基地以及苔子茶、白山羊、花魔芋三大系列地理标志性农产品品牌优势，北川积极引导贫困户开展花魔芋、茶叶、蜂蜜、腊肉等特色产品的生产加工，以"互联网+"特色助农增收，网络零售额突破 1.54 亿元，人均增收 320 元。

（二）多渠道探索村级集体经济发展路径

北川羌族自治县以市场为导向，创新思路，科学发展，从村级经济基础、区位特点、资源条件等实际情况出发，先后印发了《开展农村集体资产股份合作制改革试点的实施方案》和《发展壮大村级集体经济指导意见（试行）》文件，因地制宜探索发展壮大村级集体经济六种模式，实现了经济较好的村有突破、经济一般村有发展、空壳村有起色的目标。截至目前，全县村级集体经济总资产 9358.63 万元，其中固定资产 4361.94 万元，流动资产 4734.25 万元。

1."村集体 + 能人"模式

积极引导外出"能人"返乡创业，村集体以土地资源入股 + "能人"带动，实现互惠互利、合作共赢。成立村与公司联合党支部，通过龙头企业（公司）带动产业链纵向延伸、横向拓展，村集体在土地流转上保障服务、协同合作、利益共享。比如曲山振兴茶叶种植专业合作社 2010年 12 月成立，现有社员 102 户，注册资金 200 万元，已恢复老茶树基地 600 余亩。合作社成立后，不断与当地群众沟通交流，参与合作社的社员从最初的二十多户发展到 102 户，辐射范围越来越大，从大水、岩羊两个村辐射到景家、石椅子村。目前辐射带动农户 300 多户，恢复茶园 600 余亩，培训第一批炒茶师傅 10 人，授徒 15 人，有高级炒茶技师 3 人，炒茶师傅 6 人，茶艺师 3 人。合作社成立以来，经营收入逐年增加，从最初的年经营收入 2 万元到 2015 年的 110 万元，实现利润收入 28 万元。每户社员年均收入 7000 多元，比个人采茶直接销售收入增加 70% 左右，带动周边村社李安菊、蔡华碧等贫困户 29 户脱贫，既增加了家庭经济收入，又壮大了集体经济，贫困户实现了脱贫。

2."村集体 + 合作社"模式

依托农业主导产业，村集体牵头创办新型经营主体——专业合作社，实行农户股份合作经营，合作社通过提供市场信息、技术指导、市场销售实现盈利。盈利按股分红促进集体增收、农户得益。比如北川羌族自治县石椅水果专业合作社，位于北川县境东部地区，紧邻北川老县城地震遗址纪念馆和唐家山堰塞湖，距北川新县城23公里。北川羌族自治县石椅水果专业合作社由初期40户成员发展至如今107户，初步形成"合作社＋农户"模式，注册"羌山绿宝"商标，2014年通过无公害水果基地产品认证，2015年全村枇杷、李子产量180多万斤，在合作社统一发布信息，统一采摘标准，统一销售价格，统一由合作社批发给客商，以商贩上门收购和游客田园自采销售为主体，水果统销与零售均价均比原来高出2~5元，总产值达到400万元以上。

3.＂村集体＋种养大户＂模式

由村集体主导，采取党员骨干或种养大户＋贫困户模式，整合产业扶持周转金等，村集体和贫困户按一定比例分红，实现村集体和贫困户双赢。擂鼓镇郭牛村正在实施的特色种养业项目2个，计划投资180万元。一是藤椒种植200亩，计划投资40万元，用于整理土地和购置种苗，3年投产，可实现利润20万元。二是跑山猪养殖，租地50亩，修建跑山猪养殖场，养殖规模300头，计划投资140万元，投产后一年可实现利润30万元。2个项目的利润一年可达50万元。

4.＂村集体＋土地出租＂模式

对符合土地整理条件的村，政府优先安排进行土地开发，扩大土地面积，由村集体统一将土地实行流转，再由村集体统一采取招拍形式出租，避免农户小规模流转，增加村集体经济收入。比如安昌镇金龟村辖9个村民小组，474户1393人，贫困人口246人，现有耕地900亩，林地3600亩，金龟村村委会充分利用离县城近、交通方便的独特地理优势，采用土地出租给专业合作社，计划新建实用菌基地30亩，建实用菌大棚10000平方米，计划投资261万元，投产后年净利润可达30万元，同时可解决农村剩余劳动力30人就业，年终按比例分红，村集体每年可实现收益5万元，可有效解决空壳村集体经济无收入问题，实现集体经济有收益、有资产、有资源。

5."村集体公共设施＋服务"模式

对乡村级道路可量化到人加强管护，由各村群众通过"一事一议"方式落实管理养护人员，并收取一定保证金，确保公益事业有人管；人饮和生产用水工程，可按人数或土地面积收取一定费用，用于维修维护；但所收取的保证金和维护经费必须取之于民用之于民。比如通口镇幸福村二组悬马矿业有限公司使用村上道路，每年给予幸福村二组道路使用和清洁管护费用1000元；通口镇猕猴桃专业合作社在幸福村四组建立母本园，每年给予幸福村不低于1000元的分红。

6."用好财政投入资金，促进村级集体经济增收"模式

一是股权量化：财政涉农资金打捆投入以上几种模式的合作社和村集体经济组织，通过村民大会或村民代表大会，采取村民"一事一议"方式，将政府投入的财政资金按照比例将股权量化到村集体、专业合作社。专业合作社

获取的利润按照专业合作社章程进行管理和分配；村集体获得的年收益可用于村集体经济积累、扶持贫困户、公益服务和分配给村集体经济组织成员，应将不低于30%的收益作为村集体经济积累资金。二是定额收益：财政涉农资金打捆投入企业或其他新型经营主体后，通过村民大会或村民代表大会，采取村民"一事一议"方式，与企业协商一致，按照财政涉农资金投入的一定比例定额向村集体计提收益。可根据资金具体用途如基础设施建设、生产设施配套、生产性投入等，确定不低于财政投入资金的3%向村集体计提收益。村集体获得的年收益可用于村集体经济积累、扶持贫困户、公益服务和分配给村集体经济组织成员，将不低于30%的收益作为村集体经济积累资金。比如曲山镇海光村整合党员示范工程资金2万元及扶贫专项资金14万元，入股羌山大地公司，公司化运作腊肉基地建设，实现每年净利润的3%投入集体经济。

在上级部门的帮扶下，紫霞村成立种植养殖专业合作社，带动本村种植香妃枣、高山蔬菜，由专业合作社按章程管理模式统一收购及销售，实现集体经营性收入3000元；与绵阳市职业技术学院联合承包村集体堰塘发展水产养殖，年租金3000元作为村集体经济收入。2016年紫霞村集体经济收入共计6000元，紫霞村全村人口418人，集体经济收入人均达14.35元，集体经济收入远超贫困村退出标准。

四　多项扶贫脱贫措施并举

（一）北川县"四措施"建设美丽新村，"四活动"助推新村脱贫

北川羌族自治县深入贯彻落实习近平总书记系列讲话精神和省委十届六次全会提出的"让贫困地区群众住上好房子、过上好日子、养成好习惯、形成好风气"工作目标，将绿色发展理念融入脱贫攻坚工作中，大力实施绿色崛起战略，全力打造绿水青山；紧扣美丽乡村建设主题，坚持一手抓群众人居环境改善，一手抓文明卫生习惯普及，培养农村群众文明健康的生活方式。

图2-18　课题组同志入户询问贫困户生活情况

（刘涛拍摄，2017年7月）

1."四措施"建设美丽新村

大力实施污染源整治、乡村废污处理、乡村人居景观

提升三大生态提升工程，对西南水泥等 12 个项目进行了排放达标整治，并实现在线检测。实施河流综合治理工程，关停小造纸作坊 25 家，对县内 8 家规模化养殖场、23 户养殖大户进行了污染整治，畜禽粪污处理综合利用率达到 90% 以上。对各类建设项目严格实行环境影响评价制度和"三同时"制度，执行率达 100%。加大农村环境综合治理力度，完善"户集中、村收集、乡转运、县处理"的城乡生活垃圾收运处理体系，全面启动 23 个乡镇污水处理设施建设。大力实施生态乡村创建工程，安昌等 4 个乡镇成功创建省级生态乡镇，全县共创建市级生态村 18 个，市级生态家园 2263 户。

坚持扶贫先扶志，提振贫困群众不等不靠、自立自强的"精气神"。持续推进农村精神文明建设，以群众喜闻乐见的载体和方式，加强思想道德建设，突出孝敬、节俭、诚信、友善、感恩五个重点，开展村风村训、家风家训、孝老爱亲等系列教育活动 50 场次；建立完善村规民约，广泛开展道德评议活动及"北川好人榜""身边好人""道德模范""最美少年"等典型选树活动 20 余次，评选出各类先进人物上百人，引领群众崇德向善。开展群众性精神文明创建活动，提高群众参与度，发动群众唱主角，以文明村镇创建为主题，深化"讲文明树新风""我们的节日"活动内涵。深入开展关爱空巢老人、关爱留守儿童、关爱河流山川等农村志愿服务活动超过 2000 余次。

完善农村公共文化服务网络，丰富群众精神文化生活。突出抓好禹羌民族文化的挖掘传承，广泛开展羌绣、

图 2-19　紫霞村路面及村貌

（李群拍摄，2017 年 7 月）

图 2-20　紫霞村文化活动室

（李群拍摄，2017 年 7 月）

金银饰品篆刻、羌族特色食谱、水磨漆、草编等民间艺术技艺培训共计 500 余次，受众上万人。建设乡镇文化站 23 个、乡村学校少年宫十余所、村活动室 300 余个、农家书屋 300 余个、文化广场 30 余个。发挥农村文化活动主阵地作用，积极鼓励北川籍企业家、专家学者、文艺人士等成功之士情系桑梓、回报乡亲，支持美丽乡村建设。每年安排 100 余万元用于 17 个非遗项目的传承和振兴发展，把文化遗产传给子孙后代。

结合北川县羌民族传统习俗，在全县开展制订完善村规民约活动，各乡镇以陈规陋习、新风好事、大事要事为主题，组织群众定期开展村民议事会、道德评议会等乡风评议。2015 年以来，全县 311 个行政村开展了评议活动 1000 余次。注重强化突出问题治理，把宣传教育的重点与解决农民群众关心的问题结合起来，针对一些地方存在红白喜事大操大办、铺张浪费的现象，全县深入开展节俭养德全民节约行动，引导农村移风易俗、勤俭持家。

图2-21　紫霞村文化活动广场

（李群拍摄，2017 年 7 月）

2."四活动"助推新村脱贫

制定文明村镇、文明社区、文明家庭创建规划，建立健全创建体系，明确创建工作标准，提出创建活动主要内容和目标，让群众知晓创建目的，共享创建成果，结合羌族家规家训传承、廉政家风建设、医德医风建设、师德师风建设，在全县开展"最美家庭""十星级文明户""兰辉式家风"评选、表彰、演讲活动。

在全县广泛开展以乡村礼仪行动、乡村健康行动、乡村清洁行动为主题的"乡风文明大行动"活动。从迎客、待客、送客、言谈、卫生、家庭、邻里礼仪礼节方面编制印发《乡村礼仪三字经》手册和宣传画，引导群众待人接物文明守礼；从清洁家园、清洁水源、清洁田园、清洁能源方面编制印发《乡村清洁打油诗》，引导群众爱护环境、保护生态、节能减排，全力打造一批环境优美示范村、美丽庭院；从禁烟、禁毒、灭蝇、膳食、防艾等方面编制印发《乡村健康顺口溜》，将乡村健康行动与健康扶贫工作紧密结合，拓展健康知识普及的深度和广度，倡导健康生活方式。

充分发挥帮扶单位、帮扶工作组的作用，深入开展结对帮扶活动；引导龙头企业、专业合作组织深入开展"百企帮百村"活动。帮扶推动每个行政村培养一批群众文化骨干，建设一个文体活动中心、一组文化墙、一个道德讲堂。整合帮扶资源，灵活运用产业扶贫、商贸扶贫、就业扶贫、捐赠扶贫、智力扶贫等多种方式，形成组合拳，把民营企业资本、技术、市场、人才等优势与贫困村生态、土地、劳动力、特色资源等有机结合起来，帮助贫困地区共建共享改革发展成果。

将志愿服务活动与"科技、文化、卫生三下乡"活动结合，开展技术指导、经验交流、物资支持等志愿服务，带动群众走上共同富裕的道路。在志愿活动中推广一名党员帮一名贫困户、一名党员带五名创卫志愿者、一名志愿者包一个卫生片区的"1151"志愿服务模式，动员广大群众参与。加强志愿服务项目引导和供需对接，以志愿服务项目化带动团队发展、激发服务热情，健全志愿服务活动运行机制。

（二）制定合理脱贫政策，依托长效机制拓展扶贫深度

香泉乡党委政府始终把打赢脱贫攻坚战作为重中之重的工作抓在手上，强力推进扶贫工作。

1. 实事求是科学制定脱贫规划

为切实做好香泉乡精准脱贫工作，与脱贫攻坚"五个结合"相契合，香泉乡党委政府结合经济社会发展实际进行反复论证，高起点、高标准制定了《香泉乡2015~2018年精准扶贫工作规划》，规划重点放在基础设施建设、产业发展、环境风貌改造等方面，基本思路是以率先全面建成小康社会为总体目标，以扶贫攻坚为主线，通过"大香泉"品牌引领，全力推进"互联网＋生态农场、农村电商、幸福美丽新村建设"，倾力攻坚"香泉扶贫"，真正实现农产品进城、农民增收，争取2018年实现全面脱贫，达到"大香泉"闻名全省，"香泉脱贫"致富奔小康的目标。

2. 精准脱贫措施做好"三精、三借、四坚持"

按照"三年集中攻坚、两年巩固提升、一年全面小康"的要求，香泉乡始终坚持"三精、三借、四坚持"做

法，强化组织引领，推进特色产业发展，确保精准扶贫政策落实到家、关爱措施帮扶到家、感情交流到家。

三精。一是精准识别对象。在贫困户识别上，注重教育引导乡村干部以责任心和公心，摸清具体情况，找准致贫原因，严格程序确定建档立卡贫困对象，确保帮扶对象精准。二是精准制定措施。根据扶贫对象的文化程度、劳动能力、思想认识和年龄状况，制定针对性强的帮扶措施，采取"一引二带三学"的途径，引导贫困户转变观念和意识，使其带头发展、带头创业，学习农村实用技术、学习外出务工技能、学习致富经验。三是精准整合力量。在注重政府投入为主的同时，积极引导辖区内的4家企业牵手4个贫困村，履行企业社会责任；开展"村村拉手奔小康"活动，由本辖区内3个先进村牵手4个省定贫困村。

三借。一是借机。紧紧抓住中央和省市县高度重视精准扶贫精准脱贫的重大机遇，紧紧抓住省定贫困村的项目资金扶持机遇，紧紧抓住后进村整顿机遇。二是借力。运用"互联网＋生态农场"的发展模式，以"一带三基地"为基础，以"大香泉"品牌为引领，实现线上线下相结合，将香泉特色农产品统一品牌、统一标识、统一网上销售平台，运用O2O模式，借助四川世纪云道科技有限公司平台、淘宝平台、手机终端等现代化形式，推动"香泉六宝"——林下土鸡、土鸡蛋、香妃枣、猕猴桃、高山蔬菜、核桃香满天下。三是借人。抓住县委组织部选派"第一书记"蹲点帮扶机会，注重感情联络，争取联村帮扶部门人力物力财力有效支持，借船出海主动黏合省市部门和专家，实现借脑借智发展。

四坚持。一是坚持在班子上配强，调整不胜任的村级组织带头人及成员，选派机关中层干部担任后进村党支部书记，推荐熟悉计算机业务的大学生村官任首家农村淘宝村级服务站所在村村委会代理主任。二是坚持在产业上使劲，针对各村资源禀赋、原有产业，结合市场分析，优化产业布局，以林下生态土鸡、猕猴桃、香妃枣、高山蔬菜为重点，建设特色农产品基地，实现集约化规模化。三是坚持在群众中讲法，积极开展"法律进乡村"活动，努力推动形成办事依法、遇事找法、解决问题用法、化解矛盾靠法的良好法治环境，在法治轨道上推动精准扶贫工作。四是在责任环境上落实精准扶贫责任，从党委书记到联村领导、驻村干部和第一书记人人联系扶贫对象，帮扶措施、帮扶效果纳入考核，作为先进评比、提拔推荐、奖励惩处的重要依据；在素质环境上引领群众教育群众，改变等靠要心态，强化奋斗意识，提升综合素质、增强发展后劲；在居住环境上注重整治，激发群众爱美心理，实现宜居宜业。

3. 强化基础设施建设

加快以道路交通、农田水利为主的基础设施建设，改善群众基本的生产生活条件。落后的基础设施条件是紫霞村发展最重要的制约因素，要通过道路交通、农田水利、人畜饮水等基础设施建设项目的实施，彻底扭转紫霞村落后的基础设施现状，满足群众生产生活基本需求，促进产业发展和新村建设，为实现 2018 年脱贫奔小康的目标奠定必要基础。村道加宽项目已完工，由原来的 3.5 米宽扩建至

4.5 米宽。实施风貌改造试点，完成村级活动场所及周边农舍风貌提升和环境美化。正在实施财政补助 30 万元的村级公益事业一事一议财政奖补项目，拟修建栅栏 1045 米，生产便道 1552 米，农旅休闲区垂钓平台 3 处，休憩亭 9 处，观景平台 1 处。争取到产业基地基础设施建设项目资金 61.28 万元，财政补助 30 万元，规划落实排洪渠修建、人畜饮水工程项目，解决全村饮水灌溉难题。香泉村改建河堤 1550 米，田间渠系 1935 米，生产便道 3330 米。龙凤村改善 1.4 公里泥碎路，新建排水沟 1017 米，硬化村道 3 公里，新建垃圾池 9 口。扩建紫山、紫霞村道 8 公里，流溪村财政专项扶贫建设排洪沟、生产便道、一事一议田间渠系等项目。依托村活动室，加快推进"1+6"村级公共服务体系建设，完善设施设备，优化服务功能，2018 年实现基本公共服务全覆盖。将"五个一批"扶贫攻坚行动落实到户，其中享受生产和就业一批 30 人，低保政策兜底一批 12 人，医疗扶持一批 29 人。

图 2-22　紫霞村自建雨水收集池保障灌溉

（李群拍摄，2017 年 7 月）

4.突出产业扶持

农民增收必须走精品农业发展之路,产村相融,实现可持续发展;突出主导特色产业、优化传统优势产业,近期、中期、远期相结合,形成可持续发展结构;在产业发展过程中,培育新型农民和新型农业经营主体。

鉴于紫霞村的区位优势,实现传统农业转型,一是发展香妃枣、猕猴桃等特色林果产业。将传统玉米、大豆等农作物变更为经济作物种植,如种植香妃枣540余亩,争取上级支持予以必要物资(地膜、枣树苗)补助,整治、硬化田间便道,给予170元/亩的枣树补贴。2015年组织香妃枣田间管理技术培训两次,外出罗江学习枣树产品营销1次。种植猕猴桃30亩。二是因地制宜发展高山蔬菜。充分利用光照充足、土壤肥沃的特点,在香妃枣林下推行兼作,种植芋、辣椒等高山蔬菜240亩,按照100元/亩标准落实种植辣椒

图2-23 紫霞村香妃枣种植区

(李群拍摄,2017年7月)

图 2-24　紫霞村香妃枣及其他作物配套种植

（李群拍摄，2017 年 7 月）

补贴；落实蔬菜基地建设补助 3 万元。到 2018 年，实现以主导产业为主的经营性收入在农民总收入中占比达到 60%。

　　按照"连片发展、凸显特色"的思路，通过政策倾斜、龙头企业示范、大户带动、金融支持，香泉村建立了生产能力每年 100 万只鸡的林下生态土鸡养殖基地，紫山村紫霞村 1000 亩高山蔬菜基地，1000 亩香妃枣基地，香泉村、紫霞村 1000 亩猕猴桃基地，2015 年全乡生态土鸡共出栏 60 万只、种植高山蔬菜 700 亩、香妃枣 500 亩、猕猴桃 500 亩，极大增强农业产业发展和农户发展的积极性和主动性。

　　5. 重视技能教育

　　充分利用远程教育、田间课堂开展农业技能培训，组织扶贫对象到罗江县、通口镇学习香妃枣、猕猴桃种植技术，邀请县农业局土专家和本乡种养大户现身说法，增强扶贫对象致富发展的信心和决心。联合劳动社保部门加大技能技术培训，及时提供劳务用工信息，鼓励农村能人组织劳务输出。外出务工已成为农民脱贫致富的主要方式。

6. 脱贫奔小康与幸福美丽新村建设协调发展

围绕"业兴、家富、人和、村美"的幸福美丽新村总体目标，坚持发展规划定向，夯实产业、设施、群众三大基础，推动典型引领、示范带动，形成"项目整合，产业先行，产村相融，整乡推进"的建设模式，让群众过上好日子、养成好习惯、形成好风气。充分利用"两沟一坎"地形地貌特点，形成"两村一点、四村一线、七村一片"的点线片幸福美丽新村一体化发展，即紫霞、紫山为一

图2-25 紫霞村门前三包责任牌

（刘涛拍摄，2017年7月）

点，打造体验式乡村旅游示范点；以清溪河为依托，流溪村、龙凤村、香泉村、光明村四村为一线，打造休闲度假旅游点；沿302线五个村、紫霞村、紫山村共七个村为一片打造"大香泉"的幸福美丽新村。

以农村住房条件改善为重点，以"人人住有所居、住得安全"为目标，通过"五改三建"、风貌提升、文化广场修建、环境整治等项目的实施，实现人居环境的改善和村庄风貌的提升，使广大农民群众的生活质量有提高。

图2-26 紫霞村村规民约宣传栏

（李群拍摄，2017年7月）

紫霞村以群众脱贫奔小康为工作的出发点和落脚点，以特色农业发展和基础设施提升为抓手，在2016年彻底扭转紫霞村贫穷落后的面貌，消除绝对贫困户，形成可持续发展的产业模式，人居环境显著改善，公共服务基本覆盖，基本建成"业兴、家富、人和、村美"的幸福美丽新村，2020年实现全面小康。

第五节　紫霞村扶贫工作的经验分析

一　强化党在扶贫开发工作中的统领地位

在北川县、香泉乡政府的部署下，扶贫干部层层签订脱贫攻坚责任书，层层落实责任制。重点抓好县级党委和政府脱贫攻坚领导能力建设，改进县级干部选拔任用机制，选好配强扶贫任务重的县党政班子。脱贫攻坚任务期内，县级领导班子保持相对稳定，贫困县党政正职领导干部实行不脱贫不调整、不摘帽不调离。加强基层组织建设，强化农村基层党组织的领导核心地位，充分发挥基层党组织在脱贫攻坚中的战斗堡垒作用和共产党员的先锋模范作用。加强对贫困群众的教育引导，强化贫困群众的主体责任和进取精神。大力倡导新风正气和积极健康的生活方式，逐步改变落后习俗和不良生活方式。完善村级组织运转经费保障机制，健全党组织领导的村民自治机制，切实提高村委会在脱贫攻坚工作中的组织实施能力。[1] 加大驻村帮扶工作力度，提高县以上机关派出干部比例，精准选配第一书记，配齐配强驻村工作队，确保每个贫困村都有驻村工作队，每个贫困户都有帮扶责任人。

---

[1]　李群、许晶:《中国国情调研丛书·乡镇卷:创新社会管理和加强民生建设》，中国社会科学出版社，2013。

二 严格落实国家精准扶贫精准脱贫机制

按照扶贫工作的要求，全面落实建档立卡工作，健全贫困人口精准识别与动态调整机制，加强精准扶贫大数据管理应用，定期对贫困户和贫困人口进行全面核查，按照贫困人口认定、退出标准和程序，实行有进有出的动态管理。强化农村贫困统计监测体系建设，提高监测能力和数据质量。健全精准施策机制，切实做到项目安排精准、资金使用精准、措施到户精准。健全驻村帮扶机制。严格执行贫困户退出和评估认定制度。加强正向激励，跟踪观察贫困人口、贫困村、贫困县是否出现返贫迹象。

三 发挥市场的基础作用和政府的主导作用

广泛动员社会资源，确保扶贫投入力度与脱贫攻坚任务相适应。推广政府与社会资本合作、政府购买服务、社会组织与企业合作等模式，建立健全招投标机制和绩效评估机制，充分发挥竞争机制对提高扶贫资金使用效率的作用。鼓励社会组织承接东西部扶贫协作、定点扶贫、企业扶贫具体项目的实施，引导扶贫干部依托社会组织更好发挥扶贫作用。引导社会企业围绕脱贫攻坚目标任务，例如针对香妃枣、套种农产品等推进企业和农户之间、企业和紫霞村之间的信息共享、资源统筹和规划衔接，构建市场化协同推进的大扶贫开发格局。

四 紫霞村强化贫困人口参与机制，建立自我造血机制

充分发挥贫困村党员干部的引领作用和致富带头人的示范作用，大力弘扬自力更生、艰苦奋斗精神，激发贫困人口脱贫奔小康的积极性、主动性、创造性，引导其光荣脱贫。加强责任意识、法治意识和市场意识培育，提高贫困人口参与市场竞争的自觉意识和能力，推动扶贫开发模式由"输血"向"造血"转变。建立健全贫困人口利益与需求表达机制，充分尊重群众意见，切实回应群众需求。完善村民自治制度，建立健全贫困人口参与脱贫攻坚的组织保障机制。

第三章

北川县精准扶贫精准脱贫
基本情况

北川县作为"5·12"汶川特大地震极重灾区、少数民族地区和连片特困地区之一，其在扶贫脱贫上的工作备受各界关注，也为扶贫脱贫研究提供了特殊的素材。近年来，绵阳市北川羌族自治县把扶贫开发工作作为"三农"工作的重中之重，坚持把集中连片地区作为扶贫主战场，注重整体推进和精准到户、加快发展与保护生态、各方支持和自力更生相结合，并提出了力争提前两年（2018年）完成脱贫任务，在扶贫脱贫工作上走出了一条具有自身特色的道路，积累了许多值得学习和借鉴的宝贵经验。本章主要从北川的自然、社会、人文、历史情况入手，介绍北川县结合自身特点在脱贫攻坚战中所做出的努力以及所取得的成效。

第一节　自然人文状况及历史沿革

北川羌族自治县古名"石泉"，是全国唯一的羌族自治县，全县土地面积 3083 平方千米，下辖 10 镇 13 乡（其中藏族乡 1 个），行政村 311 个，社区 32 个。总人口 24 万人（其中羌族 8.5 万人，占全县总人口的 36%，占全国羌族人口近 1/3）。2016 年，北川羌族自治县实现地区生产总值 43.89 亿元，同比增长 8.3%；全社会固定资产投资 43 亿元，同比增长 10.7%；工业增加值同比增长 9.5%；服务业增加值同比增长 10%，增速居全市第 1；地方公共财政收入 4 亿元，同比增长 8.6%；城镇居民人均可支配收入 24888 元，同比增长 9.0%；农村居民人均可支配收入 10677 元，同比增长 10.7%，两项收入增速均居全市第 1 位。该自治县获评"全省农民增收工作先进县、全省县域经济发展先进县"称号。对于北川县，可以从重生、生态、红色、物阜、人文、旅游六个方向进行分析。

一　重生北川

2008 年"5·12"特大地震中，北川县城被夷为平地，2 万余同胞遇难，直接经济损失达 600 亿元，成为受灾范围最广、伤亡人数最多、经济损失最大的极重灾县。全县 20 个乡镇，278 个行政村，16.1 万人全面受灾，房屋倒塌四万余间，六百多万平方米，14.1万人无家可归，全县因灾遇难15645人，失踪4413人，26916人不同程度受伤，新增疑似残疾人7000多人；交通、水、电、气以及通信全部陷入瘫痪，行政、卫生、教育等基础设施全部被毁，三百六十余家中小企业遭受严重损失。县境内形成汶川大地震最大堰塞湖——唐家山堰塞湖和其他15处堰塞湖，国务院抗震救灾总指挥部指挥长、时任中共中央政治局常委、国务院总理温家宝2008年5月22日到北川视察灾情时指出："北川此次发生的地震灾害，是新中国成立以来最为严重、影响最大、损失最大的特大自然灾害。"据民政部等国家五部委对汶川特大地震灾情评估，北川县列10个极重灾区第2位。在党中央、国务院的亲切关怀下，在省委省政府、市委市政府的坚强领导和有力指挥下，在全国人民大力支持和山东省的倾力援建下，北川实现了从废墟走向

图3-1　新北川县城街景

（李群拍摄，2017年7月）

新生、从悲壮走向豪迈的跨越。如今的北川举世瞩目、举国关注，具有唯一性、独特性和不可复制性。北川县对自然灾害贫困户的扶贫脱贫也成为国内最具代表性的案例之一。

二　生态北川

北川地处号称"神秘天地线"的北纬31度附近，属国家重点生态功能区。地势西北高，东南低，境内插旗山最高峰海拔4769米，最低点香水渡海拔540米。全县林地面积362万亩，森林覆盖率达55.5%，保存了全球同纬度最完整的生态系统。气候温和湿润，年平均最高气温不超过30℃，平均相对湿度在72%～85%。全年环境质量优良天数超过340天。空气负氧离子浓度达11万～28万个/立方米，是北京、上海、成都等中心城市的20倍以上。据专家研究，负氧离子是"空气中的维生素"，空气中的负氧离子达到1000个以上/立方厘米，对人体7个系统的30多种疾病具有抑制、缓解和辅助治疗的作用。因此北川也是著名的长寿乡。据2016年实地调查统计，截至2015年底北川90岁以上健在长寿老人496人，占总人口的2.1‰，在四川省属最高的县市之一。境内小寨子沟国家级自然保护区和竹林沟省级自然保护区风景宜人，有野生脊椎动物515种，大熊猫、川金丝猴等国家一、二级重点保护动物74种；有野生植物2150种，珙桐、红豆杉等国家一、二级重点保护植物13种。优越的生态环境为北川实施生态脱贫、旅游脱贫创造了得天独厚的自然条件。

三 红色北川

北川是革命老根据地。北川人民具有光荣的革命传统。1935 年 4 月，中国工农红军第四方面军长征进入县境，在县境相继建立 2 个县苏维埃、5 个区苏维埃、28 个乡苏维埃、119 个村苏维埃政权。苏区人民筹粮运粮、修路架桥，男女青年踊跃支前参军，为红军打通北川峡谷通道、顺利西进做出不可磨灭的贡献。据不完全统计，北川全县参加红军及为红军运送物资西进未归者 3000 余人。1935 年 7 月，红军离境，接踵而至的川军烧杀抢掠，无恶不作，恶霸地主反攻倒算，杀人如麻，全县人口减少近半。1953 年，四川省革命老根据地建设委员会将北川确定为革命老根据地。2001 年 11 月 8 日动工修建，2002 年 12 月落成于禹里乡奎星山下的北川"红军碑林馆"被市委、市政府命名为爱国主义教育基地，2003 年 4 月 4 日举行隆重的揭碑仪式。2003 年 10 月，红军碑林馆被四川省委、省人民政府命名为爱国主义教育基地。北川既是革命老区也是贫困地区，如果说贫困地区是我们全面建成小康社会的难点，那么贫困老区是其中的难中之难。党的十八大以来，习近平总书记多次做出重要指示批示，明确指出，我们实现第一个百年奋斗目标，全面建成小康社会，没有老区的全面小康，特别是没有老区贫困人口脱贫致富，那是不完整的，他要求在统筹推进新十年农村扶

图 3-2　北川县新生广场地震灾后重建感恩石
（李群拍摄，2017 年 7 月）

贫开发中，进一步加大对革命老区和老区人民的扶持力度，加快老区开发建设步伐，让老区人民过上更加幸福美好的生活。因此，在全国脱贫攻坚战中，党和国家把扶持老区脱贫放在了突出位置，在政策上给予倾斜。

四　物阜北川

北川县内有通口河、安昌河和平通河三大河流，属长江水系，顺山势自西北向东南出境，流域总面积 3083 平方千米，河流总长 365.2 千米。全县水能资源理论蕴藏量 49.04 万千瓦，可开发量 44.19 万千瓦，已开发 20 万千瓦。地表水年径流总量 38.15 亿立方米，地下水蕴藏量 1.8 亿立方米。可开采矿产资源有黄金、赤铁矿、锰矿、重晶石、石灰石、白云岩等，其中石灰石储量超过 10 亿立方米，可用于生产饰面装饰石材的矿山开采面积达 5 平方千米以上，矿石质量高，品相好，平均氧化钙含量达到 54% ～ 56%，

图 3-3　时任中国社会科学院院长王伟光（中）
考察当地特色产业、商业发展情况
（李群拍摄，2017 年 7 月）

是"中国米黄大理石之乡"。药材资源品种达 795 种（其中药用植物 616 种），32 种药材已广泛种植、加工。北川县所富含的矿产资源、林木资源以及能源是比较丰富的，在一定程度上为北川的扶贫开发提供了资源和能源保障。

五　人文北川

北川是古人类遗址，四川省境内古人类用火痕迹首次在这里发现。北川是中华民族的人文始祖之一、夏王朝的缔造者、治水英雄大禹的诞生地，境内至今仍保存着大量有关大禹的历史遗迹，每年农历六月初六大禹诞辰举行祭祀活动的民间习俗延续至今。北川地处少数民族与汉族接合部，民族文化交流频繁，是全国唯一的羌族自治县和最年轻的自治县。北川是革命老区，1935 年春红四方面军进入北川县境，著名的千佛山战役在这里打响。北川有羌族民俗博物馆、"5·12"汶川特大地震遗址纪念馆、红军长征纪念馆、红军长征总医院等各类纪念馆 6 个。羌历年入选国际非遗保护名录，北川有禹的传说、口弦音乐等国家级非遗保护名录 3 项，羌戈大战、羌族沙朗等省级非遗保护名录 16 项，市级非遗保护名录 25 项，县级非遗保护名录 39 项。著名作家沙汀在这里出生，并留有《在其香居茶馆里》《淘金记》等著名文学作品。

六 旅游北川

北川是大禹故里、中国羌城，近年来，先后荣获全国卫生县城、全国人居环境示范奖、四川省文明城市、四川省园林城市、四川省旅游标准化示范县、省级环境优美示范县等多项殊荣，享有"中国米黄大理石之乡""中国大禹文化之乡""中国羌绣之乡"等美誉。

北川县地处四川盆地之北，北连九寨沟、黄龙寺，南接成都；从成都至九寨沟黄龙寺的九环东线穿境而过；距绵阳 26 千米、绵阳南郊机场 39 千米，距成都 125 千米、蓉欧快铁青九江站 103 千米，距九寨沟 290 千米，距重庆 352 千米；距西安 600 千米。县内交通便利，全县通车里程 2273 千米；国道 247 线、347 线横穿境内；在建的绵阳至九寨沟高速公路在县境留有互通通道，全市唯一的通用航空机场建设正有序推进，在"十三五"末北川将构建集公路、水路、航空于一体，以周边绵阳、平武、江油、茂县、松潘五大放射通道为主线的"四纵两横四环"骨架主公路网，形成"一机（场）二高（速公路）全联网多出口"的综合立体交通网络格局。

　　同时，县境有全球同纬度最完整的生态系统，属国家重点生态功能区。境内林地面积 362 万亩，森林覆盖率 55.7%；小寨子沟国家级自然保护区、竹林沟省级自然保护区、千佛山生态旅游区、禹穴沟景区、九皇山景区、药王谷景区风景宜人，气候温和湿润，冬无严寒、夏无酷暑；平均相对湿度 72% ~ 85%。空气负氧离子浓度 11 万 ~ 28 万个 / 立方厘米；县境内有野生脊椎动物 515 种，有大熊猫、川金丝猴等国家一、二级重点保护动物 74 种；有野生植物 2150 种，有珙桐、红豆杉等国家一、二级重点保护植物 13 种；中、羌药材繁多，药材资源品种 795 种。北川是全国唯一羌族自治县，有羌族人口 8.5 万余人，占全县总人口的 35.4%。境内羌风民俗、宗教祭祀、节庆典礼、歌舞技艺、挑花刺绣、小吃杂耍传承演绎着古羌文化

图 3-4　充满羌族文化特色的新北川巴拿恰商业步行街

（李群拍摄，2017 年 7 月）

的悠远神秘。截至 2015 年底，北川县境有 1 个国家 5A 级景区（北川羌城旅游区），4 个国家 4A 级旅游景区（九皇山景区、药王谷景区、维斯特农业休闲旅游区、寻龙山景区），1 个国家级乡村旅游模范村（曲山镇石椅村），2 个省级乡村旅游示范镇（曲山镇、桂溪镇），32 个星级农家乐。

北川的地理位置，丰富的人文、历史、文化资源，以及得天独厚的山林自然条件都为北川发展旅游业提供了先决条件，为北川县在旅游扶贫上做好文章奠定了基础。

第二节 经济社会发展状况

"十二五"期末，北川县地区生产总值 40.19 亿元，比 2010 年增长 73.3%；公共财政收入 3.69 亿元，比 2010 年增长 76%；城镇居民人均可支配收入 22993 元，比 2010 年增长 83%；农村居民人均可支配收入 9787 元，比 2010 年增长 107%。

一 基础设施建设

交通基础设施建设：全县公路网总里程 2717.69 千米。23 个乡镇全部完成通水泥砼路面或沥青砼路面，通畅率 100%，全县 267 个建制村交通通畅，通畅率 83.7%。北川县整治航道 24 千米，全县通航水域里程 32 千米。有客运站 74 个，其中县级客运站 3 个，乡镇客运站 71 个。"十二五"期间累计建成县道 174 千米。

水利基础设施建设：修建排洪沟 11.42 千米，灌溉渠 91.69 千米，安装灌溉管道 29 千米；修建蓄水池 58 口，山坪塘 122 处，泵站 6 座，拦河闸门 3 处；水库除险加固 1 座、维修养护 4 座。完成 37 个水资源项目。电站年增加发电量约 500 万千瓦时。建设 11 处集中式供水站水源点水资源涵养工程，改善约 9 万人的饮水条件。修复水毁防洪堤防 1623 米，新建堤防 7.71 千米，新建排洪沟 6.7 千米；综合治理河道 12.20 千米；河道疏浚 12.2 千米；建设自动雨量站 12 个，水位雨量站 3 个，水位站 3 个，简易雨量报警站 100 个。

能源通信设施建设：实现光纤宽带覆盖能力 3 万余米，其中北川新县城光纤宽带覆盖率 100%，23 个乡镇宽带全部通达，光纤宽带通达 230 余个行政村；固定宽带接入用户数 2 万余户，其中光纤宽带用户占比 88%；3G/4G 网络乡镇覆盖率 100%，行政村覆盖率 60%。投入资金 500 万元，完成电子政务外网网络建设，建成网络 200 余千米。

二 工业发展

"十二五"期间，全县有规模企业 31 户，国家地理标志保护产品 1 个、四川名牌和著名商标 2 个。

园区建设。北川—山东产业园、石材产业园、永安工业集中区已完成开发建设，共计 4.08 平方千米。北川—山东产业园和石材产业园已完成企业入驻，永安工业集中区企业陆续入驻。西区 A 组团（通航产业园起步区）约 2 平方千米在建，累计建成和在建园区面积约 6.08 平方千米。开发区共入驻企业 54 户（其中，北川—山东产业园 38 户，石材产业园 16 户）。投产企业 39 户。全园区累计实现工业总产值 42.11 亿元，销售收入 33.29 亿元，税收收入 3543 万元，带动就业 3080 人。

特色产业。县内有建材产业规模以上企业 4 户，年均总产值 8.5 亿元，另有规模较小的建筑材料企业近 10 户。有食品药品加工规模以上企业 6 户，年产值 3 亿元。全县有规模以上机械加工（制造）企业 3 户，年产值 1 亿元。北川羌绣、羌酒、羌茶、羌漆、北川老腊肉、北川蕨薹、食药两用中药材饮片、竹艺品、根雕工艺品、山核桃工艺品等文化旅游产品生产初具规模。

三　金融商贸业

"十二五"期间，金融业累计向企业发放贷款 64.38 亿元。各银行业机构建立农户信用档案 56514 户，企业信用档案 132 户，评定信用乡（镇）8 个、信用村（社）136 个、信用农户 16216 户，授信额度 8 亿元。创建银行卡刷卡无障碍示范区 1 个，设置金融网点 68 个并接入央行支付系统。发行借记卡 35.44 万张，贷记卡 0.8 万张；布设 ATM

机 78 台，POS 机 1256 台；农村金融服务点 494 个。

商贸业。北川新县城建成羌族特色商业步行街，形成商业集聚度高、服务功能完善，集购物、休闲、旅游、文化于一体的新型现代商业中心。建成功能齐全、服务便捷、与居住环境相协调的银泰商业广场；培育禹珍实业、华兴商贸、羌妹子实业、禹通商贸、张包蛋、新家园购物中心等具有一定规模的商贸流通企业。建农贸市场 20 个，建成农家店 249 家，行政村覆盖率 80%，配送率 89.2%。建立庄稼医院 6 家，农村社区综合服务社 10 家，农资连锁经营网点 19 个，农副土特经营企业连锁销售网点 27 个。

大力发展电子商务。丘处鸡网上销售生态跑山鸡、生态鸡蛋，销售额 60 余万元。禹珍实业网上销售北川腊肉等土特产 20 余种，销售额 50 余万元。羌山雀舌网上销售高山生态茶叶十余种，销售额 50 余万元。中国移动公司北川分公司、"和聚蜀商、北川邮政"易邮铺利用自身固有用户群体销售北川腊肉、羌绣等本地特色产品。

四　文化旅游产业

全县有旅游景区 5 家，其中国家 5A 级旅游景区 1 家，即北川羌城旅游区；国家 4A 级旅游景区 4 家，即九皇山景区、药王谷景区、维斯特农业休闲旅游区、寻龙山景区；国家级乡村旅游模范村 1 个，即曲山镇石椅村；省级乡村旅游示范镇 2 个，即曲山镇、桂溪镇。星级宾馆饭店 2 家，其中四星级 1 家,其他宾馆、旅社、招待所 60 家;星级农家乐 32 家,其中三星级 17 家,二星级 14 家;乡村酒店 1 家。年均接待游客 300 万人次。

创作大型舞蹈诗剧《大北川》和羌族情景歌舞《禹羌部落》。加大对羌绣、水磨漆、草编、羌茶等民族特色文化产品的扶持力度,产品畅销国内外市场。北川民族特色文化产品年均实现创收 1 亿元以上,解决就业 1000 余人。

五 特色农业发展

"十二五"期末,北川全年粮食播种面积 26.1 万亩,粮食总产量 4.62 万吨。茶叶、水果、魔芋种植面积 11.5 万亩。中药材种植面积 27 万亩。蔬菜及其他作物种植面积 9 万亩。县境东南部为低山综合农业开发区域,重点种植猕猴桃、枇杷、梨、李、贵妃枣、茶叶和养殖良种猪、

图 3-5 紫霞村特色农家院和土鸡养殖

(李群拍摄,2017 年 7 月)

商品猪、土鸡、蛋鸡等，形成一批初具规模的产业基地。中南部为中高山综合农业适度开发区域，发展高山蔬菜，建设优质茶叶示范基地、草本药材基地、魔芋基地，形成较大规模的生猪、兔、白山羊、土鸡养殖场。北部为高山林牧特水源涵养区域，种养殖业多为农户分散发展，规模较小。

六　社会民生事业

教育事业。"十二五"期末，全县有各级各类学校51所。其中，幼儿园（含民办）15所，小学25所，初级中学8所，九年一贯制学校2所，普通高中1所，职业高中1所。有在校学生28052人，在编教职工1876人。至2015年底，全县教育经费累计支出39534万元，预算内教育经费占财政总支出的19%。北川县全面实行"三免一补"农村义务教育，学生吃上免费午餐。"十二五"期间采取援建、捐建、承建、代建、自建等多种方式，完成51个教育设施项目，投资15.09亿元，建筑面积397498平方米。2015年，北川中学高考本科硬上线439人，上线率47%，录取率达89.7%。七一职业中学连续4年获得绵阳市中等职业技术学校学生技能大赛市团体总分第1名。在园幼儿7053人，学前一年入园率88.24%，学前两年入园率81.36%，学前三年入园率78.24%。

医疗卫生事业。"十二五"期末，全县有22个乡（镇）卫生院，2个社区卫生服务中心，3个县级医院，3个公共卫生机构，163 个村卫生室。卫生人员编制 619 个，县级业务培训 2835 人次，派往上级医疗机构和山东进修学习 286 人次，完成 43 名全科医生转岗培训。推进医疗制度改革，全县 27 个医疗机构统一实行药品集中网上采购，同时为村卫生室代购药品。县、乡、村医疗机构执行药品零差价销售。推进基本公共卫生均等化服务，新农合参合率 99.95%，孕产妇死亡率 0.23%，国家免疫规划一类疫苗接种率 98%。结核病防治转诊、追踪到位率 100%。艾滋病防治五年累计检测 27749 人，在公共娱乐场所、建筑工地等开展高危人群干预 27273 人次。县人民医院通过二级甲等综合医院评审，县中医院创建二级甲等中医医院，第二、第三人民医院创建二级乙等医院。"十二五"期间，全县年均人口出生率 0.79‰，人口死亡率 0.64‰，人口自然增长率 0.15‰。

图 3-6　课题组同志访谈北川县群众近年来生活情况

（刘涛拍摄，2017 年 7 月）

就业和社会保障。"十二五"期间，全县累计新增城镇就业1.3万人，城镇登记失业率控制在4%以内。"零就业家庭"始终保持为零。转移农村富余劳动力26.1万人（次），职业技能和创业培训1.8万人（次）。城镇职工基本养老保险参保6.12万人，征缴基金25.41亿元。人均月领取养老金1300元。工伤保险参保0.90万人，征缴基金0.05亿元。生育保险参保0.76万人，征缴基金0.03亿元。失业保险参保0.79万人。城镇职工医疗保险参保1.67万人，征缴基金0.81亿元。城镇居民医疗保险参保4万人，城镇居民医疗保险基金累计收入0.30亿元。2011年北川及时开展城乡居民养老保险，参保8.36万人，征缴基金1.28亿元。其中2.69万人办理退休并按月领取退休待遇。汶川特大地震后重建医疗保险网络，实现医疗费用在院即时结算。

文化体育事业。"十二五"期末，全县拥有各级文物保护单位32个。有各级非物质文化遗产保护名录82项，其中1项（羌历年）入选联合国教科文组织非遗名录。"万人沙朗"创造吉尼斯世界纪录。"十二五"期间，北川县投入资金近400万元，安装2000余套广播设备"村村响"广播系统，覆盖23个乡镇，311个行政村，覆盖22万余人。建成乡镇公益电影固定放映厅17个，数字电影院1座。举办国家、省、市各种大型赛事活动20余次。

防震减灾事业。"十二五"期末，投入资金1140万元，建成"一中心、九台站、两系统"，即1个地震监测中心、1个测震台、5个强震台、2个地下水监测站、1个GPS观测站。地震烈度速报系统和地震预警系统与省网联通，实时监测县内及周边地区居民 1.5 级以上地震活动。建立防震减灾"三网一员"群测群防机制，落实基层防震减灾工作责任，指导全县中小学开展地震应急疏散演练，制定具有可操作性的地震应急演练方案。

第三节　北川县精准扶贫政策的目标

2016 年是"十三五"的开局之年，也是打赢脱贫攻坚战的首战之年。2016 年元旦刚过，习近平总书记考察重庆市时指出："扶贫开发成败系于精准，要找准'穷根'、明确靶向，量身定做、对症下药，真正扶到点上、扶到跟上。脱贫摘帽要坚持成熟一个摘一个，既要防止不思进取、等靠要，又要防止揠苗助长、图虚名。"在党中央、国务院吹响"打赢扶贫攻坚战，拿下最后一公里"号角的同时，全国各省市广泛响应，积极投入扶贫攻坚的战斗中。

2016 年 2 月，北川县委根据党的十八届五中全会精神、中央扶贫工作会议精神和省委十届六次、七次全会的总体部署，依据《四川省农村扶贫开发纲要（2011~2020 年）》、《四川省农村扶贫开发条例》、《中共四川省委关于集中力量打赢扶贫开发攻坚战　确保同步全面建成小康社会的决定》、《北川羌族自治县农村扶贫开发纲要（2011~2020 年）》和《关于开展全省"十三五"规划编制工作的通知》（川发改规划〔2014〕703号）文件要求和部署，结合自身发展特点，制定了《北川羌族自治县"十三五"脱贫攻坚规划》（以下简称《规划》）。本节结合该《规划》具体分析北川县扶贫攻坚的战略方针和政策落实情况。

图3-7　北川县脱贫摘帽倒计时牌

（李群拍摄，2017年7月）

一　目标任务

《规划》确定了北川县"十三五"规划的总目标：紧紧围绕"2020年绝对贫困现象基本消除"和"片区县农村居民人均可支配收入增长幅度高于全省平均水平"两个重要目标，努力达到"两不愁、三保障"和与全国同步步入小康社会。按照"四年集中攻坚脱贫，两年巩固提升小康"的思路，大力实施"五个一批"扶贫攻坚行动计划，全力推进幸福美丽新村建设、富民产业培育、基础设施提升、电子商务扶贫、公共服务提升、生态环境治理、新风正气塑造等七项扶贫攻坚重点工作，确保全县每年减少农村贫困人口4000人以上，力争到2018年底，全县5928户贫困户，17466名贫困人口全部实现脱贫，93个贫困村全部退出，贫困县摘帽，争取把北川建设成为全省和秦巴山片区扶贫开发示范县。到2020年，巩固提升脱贫攻坚成效，脱贫村基础设施和基本公共服务主要领域指标接近全省平均水平，农村居民人均可支配收入比2010年翻一番。具体分解目标如下。

（一）全面完成贫困对象减贫目标

到2018年，围绕全县17466名农村贫困人口全部脱贫、93个贫困村全部退出、北川羌族自治县"摘帽"的目标完成脱贫攻坚任务。贫困人口退出计划：2016年5941人，2017年4580人，2018年1857人，2019～2020年巩固提升（2015年已脱贫5088人）。贫困村退出计划：2016年23个村，2017年30个村，2018年40个村，2019～2020年巩固提升。

图3-8　北川县贫困村扶贫达标统计
（李群拍摄，2017年7月）

（二）集中力量解决突出贫困问题

一是加强基础设施建设，促进区域经济社会发展。到2020年，实现通村公路硬化率100%、通组公路硬化率100%；贫困地区户通电率达100%，全县311个行政村宽带全覆盖。二是推进产业扶贫工程，大力发展优势产业和特色经济，促进群众增收。到2020年，实现空壳村和薄弱村的集体经济年收入达到3000元以上，农民人均可支配收入达到14000元，年增长率为8%左右，贫困村农民人均可支配收入比2010年翻两番以上。三是发展公共服务事业，健全社会保障体系。到2020年，基本公共教育服务水平接近全省平均水平，村卫生室全覆盖，有合格村医的卫生室达到100%，新农合参合率达到100%，大病医疗保险参保率达到100%，实现低保人口应保尽保，100%的村通广播。四是加大民生改善力度，切实解决群众困难。到2018年全部完成93个贫困村危旧房改造任务，解决545户农村困难群众基本住房安全问题。加大新能源设施和生态环境治理的项目投入，生态脆弱区的农业生产条件明显改善，贫困区群众生产、生活条件显著好转，切实解决群众关注的困难问题。

《规划》还在"如何脱贫"上规划了一系列的精准脱贫举措，具体如下。

扶持生产和就业发展一批："十三五"期间依托扶持生产和就业发展覆盖贫困人口10457人。预计提前两年完成目标任务，按照年度脱贫计划：2016年实现覆盖贫困人口4481人；2017年实现覆盖贫困人口3915人；2018年实现覆盖贫困人口 2061 人。

移民搬迁安置一批：将生存环境恶劣、生态环境脆弱、不具备基本发展条件，以及居住过于分散、基础设施和公共服务设施配套难的地方的贫困人口，针对性纳入移民搬迁一批。按照《规划》，全县"十三五"期间依托移民搬迁安置实现 23 户贫困户脱贫，覆盖 66 人。预计 2016 年下达计划，2016~2017 年完成建设任务。

低保政策兜底一批：将丧失劳动能力、无法通过产业扶持和就业帮助实现脱贫的贫困人口纳入低保兜底一批。按照《规划》，全县"十三五"期间低保政策兜底实现覆盖贫困人口 3077 人。预计提前两年完成目标任务，计划集中在 2016 ~ 2018 年实施，按照年度脱贫计划：2016 年实现覆盖贫困人口 1121 人；2017 年实现覆盖贫困人口 1036 人；2018 年实现覆盖贫困人口 920 人。

医疗救助扶持一批：将长期患有慢性病或重大疾病的贫困人口纳入医疗救助一批。按照《规划》，全县"十三五"期间医疗救助实现覆盖贫困人口 4263 人。预计提前两年完成目标任务，计划集中在 2016 ~ 2018 年实施，按照年度脱贫计划：2016 年实现覆盖贫困人口 1518 人；2017 年实现覆盖贫困人口 1426 人；2018 年实现覆盖贫困人口 1319 人。

同时，《规划》还在集中解决突出贫困问题、改善贫困户住房条件，加强贫困地区交通、水利、电力、信息等基础设施建设，提升教育、医疗卫生事业发展水平、生态等方面做出了具体规划，制定了可行的目标。

二　精准到户、到人项目的建设

北川县围绕《中共四川省委关于集中力量打赢扶贫开发攻坚战　确保同步全面建成小康社会的决定》提出的"五个一批"精准脱贫行动计划，以"六有"脱贫攻坚信息系统为基础，以建档立卡贫困人口精准脱贫为需求，以精准帮扶措施为关键，充分衔接 10 个扶贫专项方案精准到户、到人的项目和投入。

一是按照"定标准、定程序、定要求、定对象"工作准则开展贫困户精准识别，通过《贫困户识别负面清单》整改及"回头看"，及时更正"错登""漏登""误进""误出"情况，锁定贫困对象相关数据，同时规范录入贫困户基本信息，建好"三本账"、做到"七个准"。县、乡、村按照"户有卡""村有册""乡有簿"，从 12 个板块，31 个指标内容，分层次强化贫困对象基层基础资料，加强贫困对象公开公示，规范完善县、乡、村档案资料。二是落实帮扶措施。聚力资金投入。牵头整合涉农资金 8.14 亿元用于脱贫攻坚工作，其中财政扶贫资金 1.53 亿元，其他行业资金 6.61 亿元，从行业资金中共安排扶贫重点项目 190 个，已完工 128 个；请示并落实"第一书记"每人每年 5 万元专项资金，确保帮扶做实事、出实招、见实效；贫困村基础设施建设、特色产业发展、人力资源开发和基本公共服务方面得到较大的提升，2016 年退出的 18 个贫困村，每个村都有通村硬化路、有达标卫生室、有达标文化室；走访的贫困户，全部实现了安全住房、安全饮水、生活用电、广播电视、义务教育、医疗卫生"六大保障"。聚力群众增收。指导贫困村建立村集体经济，每个村安排20万元贫困群众产业扶持周转金，小额信贷授信3606户11435.45万元，2016年已放贷3083户10106.85万元，累计放贷达到1.48465亿元，做到让贫困户贷得到、还得起、用得好，建档立卡贫困户贷款覆盖率85.66%（数据统计截至12月28日）。省级安排转贷基金3243万元，用于产业风险基金和项目资本金，放大3.2亿元投入脱贫攻坚。户补助3000元，用于"四改三建"或产业发展，解决非贫困村贫困户扶贫问题。聚力驻村帮扶。下派两名第一书记，定点帮扶小坝乡永兴村、禹里镇柏林村，14名干部职工与33户困难群众结成对子，2016年兑现帮扶资金300余万元支持贫困村产业发展和基础设施建设。聚力保障机制。强化社会扶贫，引导109家民营企业与93个贫困村结对帮扶、村企共建，改善了群众的生产生活条件；承办"扶贫日"系列活动，汇聚爱心洪流，累计捐款636万元；安排劳务培训项目，落实培训资金24万元，培训农村贫困群众200余人。强化宣传造势，下发《四川省扶贫开发条例》3000册、《脱贫攻坚工作手册》8000册、《明白卡》5000份，张贴连心卡6000张、印发宣传挂历6000份、悬挂宣传标语1000余条，撰写工作简报20期，工作专报40期，市级及以上行业媒体采用123篇文章，其中国家级媒体采用3篇、省采用58篇、市采用22篇，扶贫开发系统宣传工作位居全市前列。强化督导考核，完善督导考核机制，对重点脱贫工作实行单项目标考核和"一票否决",成立 5 个"重督组"巡回开展脱贫攻坚专项督查,限期整改问题 18 个。全县累计开展各类专项督导 32 次,其中,接受国家级领导蹲点督导 2 次,省级部门蹲点调研、督导 9 次(其中尹力省长亲自带队 3 次),市级部门到北川蹲点调研 9 次,县级评估验收 12 次,顺利通过省脱贫攻坚考核验收及省、市第三方评估。三是开展贫困退出考核验收。编制了脱贫退出验收工作指导意见、工作实施方案、考核评估验收工作手册、第三方评估工作手册,成立 22 个评估验收工作组,对全县 2014 年、2015 年精准脱贫成效开展了评估抽查,对 2016 年上报的脱贫人口和 18 个计划退出村开展了全覆盖评估检查和考核验收,及时下发整改通知书,对标自查、限时整改。安排 5 个重督组开展第三方评估预演,高质量完成贫困退出任务。2016 年实现

图 3-9 贫困户建卡立档情况

(李群拍摄,2017 年 7 月)

贫困村退出 18 个，贫困人口脱贫 5863 人（非贫困村脱贫 1126 户 3352 人），完成省定目标任务 118%，全县贫困发生率降至 4.66%。北川代表全省在"全国民族自治县打赢脱贫攻坚战 全面建成小康社会经验"交流大会上做交流发言，其经验如下。

（一）扶持生产和就业发展

对有劳动能力、可以通过生产和就业实现脱贫的 22 个乡镇、10457 名贫困人口，北川县决定采取产业培育扶持和就业帮扶措施，因地制宜发展产业，扩大转移就业培训和就业对接服务，通过发展生产和务工实现稳定脱贫。具体的项目内容主要有四项。一是产业扶贫项目。通过精品农业、文旅融合、"两新"产业、电子商务的发展，培育优势产业、庭院经济和乡村旅游等增收项目，扶持发展茶叶、药材、果蔬等各类特色产业基地 10 万亩，使特色产业基地面积达到 85 万亩，带动发展精品农业农户 5000 户，切实增强贫困群众自我造血功能。二是基础设施建设项目。整合以工代赈财政专项扶贫等资金，加强 93 个贫困村村组内道路建设，改善贫困农户生产生活条件，为产业发展提供支撑。三是能力培训到户项目。持续突出能力扶贫，完成劳务扶贫培训 1000 人，农村实用技术培训 10 万人，进一步提高培训对象选择的精准性和培训内容的实用性，实现培训一人、转移一人、致富一家的目标。四是金融扶贫项目。做好信贷贴息到户，产业扶持周转金到村到户工作，制

图 3-10　课题组同志同当地领导探讨旅游扶贫机制

（刘涛拍摄，2017 年 7 月）

定产业扶持周转金管理办法，探索资金使用有效途径，助力贫困人口脱贫增收，力争实现全县 311 个村（优先实施 93 个贫困村）全覆盖；规范扶贫小额贴息到户流程，完成 500 户贫困户贷款贴息，为贫困户产业发展提供资金支持。通过扶持生产和就业发展，改善贫困农户生产生活条件，切实提高贫困群众自我造血和脱贫致富能力，确保贫困户人均可支配收入增速高于全县平均水平，力争 2018 年通过扶持生产和就业发展一批实现10457 人全部脱贫。

（二）移民搬迁安置解决部分贫困地区居民

北川县决定对生存环境恶劣、生态环境脆弱、不具备基本发展条件的陈家坝乡、漩坪乡、青片乡的 23 户贫困户 66 人实施移民搬迁安置，做到实施一个项目、安置一方群众、实现一方脱贫，到 2017 年完成搬迁任务。以易

图 3-11 中国社会科学院科研局副局长王子豪（左一）同扶贫局干部
交流扶贫攻坚情况（摄于北川县扶贫开发局）

（李群拍摄，2017 年 7 月）

地扶贫搬迁项目为依托，整合新村建设、城乡建设用地增减挂钩、土地整治等项目资金，解决移民安置投入问题。通过移民搬迁安置一批行动计划，逐步完善安置区生产性基础设施建设和必要的社会公益设施，基本解决移民的生产生活问题，确保贫困户"搬得出、稳得住、能发展、可致富"，到 2017 年底移民搬迁贫困户 23 户，66 人全部实现脱贫，贫困面貌彻底改变。

（三）低保政策兜底作为最终保障

对丧失劳动能力、无法通过产业扶持和就业帮助实现脱贫的特困群体，如农村"五保户"、贫困残疾人等，全部纳入最低生活保障范围，锁定建档立卡符合低保政策兜底条件的 3077 名贫困人口，通过社会保障实施政策性兜底脱贫。逐步提升城乡居民养老保险参保覆盖率，建立健全最低生活保障和农村特困人员供养机制，落实贫困残疾人生活补贴，确保其持续稳定脱贫。通过低保政策兜底扶持，到 2020 年农村"五保户"、贫困残疾人等无力脱贫的贫困人口全部被纳入农村最低生活保障范围，实现扶贫线和农村低保线"两线合一"。大力推进养老服务体系建设，扩大社会保险覆盖面，实现人人有社保，逐步缩小城乡社会保障标准差距。

（四）医疗救助扶持杜绝因病致贫返贫现象

对因病致贫，特别是因患大病、慢性病而导致贫困的4263 名贫困人口，北川县决定采用医疗救助扶持一批措施，帮助其缓解资金压力，消除贫困。开展贫困人群医疗救助扶持行动和公共卫生保障行动，实施"八免四补助"，逐步提高贫困人口的医保补助、门诊和住院治疗费用报销标准，实行大病基本医保、大病保险和大病救助。自 2016 年起，通过开展医疗救助扶持，建档立卡贫困人口在县内基层医疗机构门诊就诊和重特大疾病住院个人医疗费用支出比例控制在 10% 以内，到 2020 年，建档立卡贫困人口在县内基层医疗机构就诊的重特大疾病患者住院个人医疗费用基本实现"零"支付，切实减轻贫困人口治疗疾病经济负担，助推贫困人口恢复劳动力、脱贫增收，摆脱长期贫困。

三 围绕解决突出贫困问题的项目建设

北川县围绕《中共四川省委关于集中力量打赢扶贫开

发攻坚战　确保同步全面建成小康社会的决定》提出的精准解决贫困地区突出问题"九个重点工作"，充分衔接10个扶贫专项方案涉及本地区脱贫攻坚的项目和资金，结合北川精准脱贫措施拟增加的项目和投资，拟定了有责任人负责、有人员落实、有资金可调、有节点可抓的具体项目落实计划。其项目较为全面地涵盖了基础设施、产业、教育、卫生、文化、生态、社会保障、社会扶贫等脱贫攻坚内容。本节选取基础设施建设中的通信设施建设和产业扶贫项目中的"互联网 +"扶贫和旅游资源建设做重点分析。

（一）通信设施建设

到 2016 年底，北川县全面实现贫困地区光纤 100% 覆盖；到 2020 年，实现 93 个贫困村 100% 通宽带。建设任务包括以下几项。

1. 宽带乡村工程

加快"宽带乡村"工程建设，全力支持各通信企业加快推进"宽带乡村"工作，切实有效改善和提升乡村通信基础网络建设和信息化服务能力，到 2020 年底，实现全县 311 个行政村 100% 通宽带。

2. 国家中西部地区中小城市基础网络完善工程

大力推进城区和乡镇光纤到户改造工作以及城域网优化扩容等配套工程建设，确保 2016 年底全面实现城区及乡镇区光纤的 100% 覆盖。

3. 三网融合

积极推动电信、广电业务双向进入，创新和优化企业合作模式，积极推进电信网、互联网和广电网三大网络统筹规划和资源共享，其具体内容见表3-1。

表3-1　北川县通信网络扶贫工程

项目名称	建设规模	建设地点	拟建设时间
1. 宽带乡村工程			
宽带乡村	完成北川全县行政村"宽带乡村"建设	93个贫困村及其他非贫困村	2016～2017年
4G基站建设	完成北川全县乡镇及部分行政村4G信号覆盖	93个贫困村及其他非贫困村	2016～2020年
IP城域网升级改造	完成北川电信IP城域网升级改造	93个贫困村及其他非贫困村	2016～2020年
管道建设	对管道覆盖盲区进行补点建设	93个贫困村及其他非贫困村	2016～2020年
传输承载网升级改造	完成北川电信传输承载网升级改造	93个贫困村及其他非贫困村	2016～2020年
3G基站补点建设	完成北川全县乡镇及部分行政村3G信号覆盖	93个贫困村及其他非贫困村	2016～2020年
2. 中西部中小城市基础网络完善工程			
基础网络完善工程	完成北川县城以及所有乡镇光纤入户改造以及设备新建	93个贫困村及其他非贫困村	2016年
3. 三网融合工程			
4G基站建设	完成北川全县乡镇及部分行政村4G网络信号覆盖	93个贫困村及其他非贫困村	2015～2020年
光纤物理网项目建设	对北川境内县城乡镇OLT和光交箱进行补充完善	93个贫困村及其他非贫困村	2015～2020年
管道建设	对管道覆盖盲区进行补点建设	93个贫困村及其他非贫困村	2015～2020年
传输承载网升级改造		93个贫困村及其他非贫困村	2015～2020年

"十三五"期间，通信建设项目总投入2.81亿元（全部为业主投入资金）。建设规模和预算见表3-2。

表 3-2 北川县通信建设项目投资

项目名称	建设规模	总投资（亿元）
合计	—	2.81
1. 宽带乡村工程	—	—
宽带乡村	完成北川全县行政村"宽带乡村"建设	0.21
4G 基站建设	完成北川全县乡镇及部分行政村 4G 网络信号覆盖	0.20
IP 城域网升级改造	完成北川电信 IP 城域网升级改造	0.15
管道建设	对管道覆盖盲区进行补点建设	0.10
传输承载网升级改造	完成北川电信传输承载网升级改造	0.20
3G 基站补点建设	完成北川全县乡镇及部分行政村 3G 网络信号覆盖	0.16
2. 中西部中小城市基础网络完善工程	完成北川县城以及所有乡镇光纤入户改造以及设备新建	0.25
3. 三网融合	—	—
4G 基站建设	完成北川全县乡镇及部分行政村 4G 信号覆盖	0.62
光纤物理网项目建设	对北川境内县城乡镇 OLT 和光交箱进行补充完善	0.08
管道建设	对管道覆盖盲区进行补点建设	0.15
传输承载网升级改造	—	0.27

（二）加大乡村旅游资源建设

1. 建设与发展需求

依托禹穴沟、西羌九皇山、药王谷、小寨子沟、开茂水库等资源，将乡村体验和特色羌族文化元素注入农村规划设计中，扶持能够彰显地方特色、促进生态文化旅游深度融合的观光农业、体验农业等，通过发展旅游附属产业带动一方百姓致富。

2. 建设任务

以"旅游 +"引领带动农村经济社会发展和幸福美丽

新村建设，加大力度营造乡村旅游区域文化氛围，结合羌族节庆活动、民俗文化及特色农业观光体验，建设乡村旅游扶贫示范村，打造特色旅游村、乡村旅游龙头企业等，具体内容见表3-3。

表3-3　北川县旅游扶贫项目

项目名称	单位	建设规模	拟建设时间
北川县幸福美丽乡村旅游重点村建设第一批	个	4	2016～2020年
北川县幸福美丽乡村旅游重点村建设第二批	个	6	2016～2020年
北川县乡村旅游扶贫重点村	个	10	2016～2020年
北川县城西低山浅丘带禹羌文化体验展示项目	个	1	2016～2020年
九环东线旅游产品及要素提升项目	个	1	2016～2018年
九皇山景区二期工程	个	1	2016～2018年
北川维斯特农业休闲旅游区温泉酒店项目	个	1	2016年
药王谷景区三期开发项目	个	1	2016年
桂溪镇平通河桂溪段水上乐园项目	个	1	2016年
禹穴沟大禹故里旅游开发项目	个	1	2016～2020年
开茂水库旅游开发项目	个	1	2016～2020年
北川通航产业园区低空旅游开发项目	个	1	2016～2020年
小寨子沟自然风景区旅游开发项目	个	1	2016～2020年
寻龙山景区二期扩建项目	个	1	2016～2020年
北川曲山镇玉皇山休闲避暑养老基地建设项目	个	1	2016～2020年
北川县擂鼓镇自驾车综合服务营地建设项目	个	1	2016～2020年
北川县白草河西羌茶马古道旅游观光项目	个	1	2016～2020年
北川县安乐路乡村旅游产业带建设项目	个	1	2016～2020年
北川羌城旅游区提档升级项目	个	1	2016年
羌多娜温泉度假酒店项目	个	1	2016～2017年
吉娜天堂旅游娱乐项目	个	1	2016年
休闲农业产业项目	个	—	2016～2020年

3.投资估算规模和资金来源

"十三五"期间，北川乡村旅游产业扶贫总投入93.4

亿元，其中省级以上财政投入 2 亿元，市、县财政投入 76.3 亿元，业主投入 15.1 亿元（见表 3-4）。

表 3-4 北川县旅游扶贫项目投资

项目名称	建设规模（个）	总投资（亿元）	资金筹措		
			省以上（亿元）	市、县（亿元）	其他（亿元）
合计		93.4	2	76.3	15.1
北川县幸福美丽乡村旅游重点村建设第一批	4	4.8	—	4.8	—
北川县幸福美丽乡村旅游重点村建设第二批	6	12	—	12	—
北川县乡村旅游扶贫重点村	10	15	—	15	—
北川县城西低山浅丘带禹羌文化体验展示项目	1	1.5	—	1.5	—
九环东线旅游产品及要素提升项目	1	0.15	—	—	0.15
九皇山景区二期工程	1	2.5	—	—	2.5
北川维斯特农业休闲旅游区温泉酒店项目	1	1.35	—	—	1.35
药王谷景区三期开发项目	1	0.84	—	—	0.84
桂溪镇平通河桂溪段水上乐园项目	1	0.16	—	—	0.16
禹穴沟大禹故里旅游开发项目	1	1.2	—	—	1.2
开茂水库旅游开发项目	1	8	—	8	—
北川通航产业园区低空旅游开发项目	1	5	—	5	—
小寨子沟自然风景区旅游开发项目	1	20	—	20	—
寻龙山景区二期扩建项目	1	1.8	—	—	1.8
北川曲山镇玉皇山休闲避暑养老基地建设项目	1	1	—	—	1
北川县擂鼓镇自驾车综合服务营地建设项目	1	2	—	2	—
北川县白草河西羌茶马古道旅游观光项目	1	2	—	2	—

项目名称	建设规模（个）	总投资（亿元）	资金筹措		
			省以上（亿元）	市、县（亿元）	其他（亿元）
北川县安乐路乡村旅游产业带建设项目	1	5	—	5	—
北川羌城旅游区提档升级项目	1	1	—	1	—
羌多娜温泉度假酒店项目	1	5.2	—	—	5.2
吉娜天堂旅游娱乐项目	1	0.9	—	—	0.9
休闲农业产业项目	—	2	2	—	—

（三）推行"互联网+"扶贫

1.建设与发展需求

积极推进电商扶贫工程，建成覆盖全县的县、乡、村电子商务服务体系和物流体系，建成农产品生产流通追溯系统，鼓励农村淘宝、京东、邮政建设乡村配送站点，鼓励"万村千乡"等企业向村级店提供农资产品和日用品B2B批发服务，鼓励农村商业网点开展线上线下融合的电子商务活动，方便贫困地区群众购物。大力开展针对农民专业合作社、农村创业青年和返乡大学生的农村电商技能培训，培育和壮大农村电子商务市场主体，推动贫困地区农产品和特色产品网上销售。

2.建设任务

引导企业适应"互联网+"模式，建设"互联网+农业"经营体系，搭建电商平台，推进农旅产品电子商务销售。电商体系建设见表3-5。

表 3-5　北川县旅游扶贫电商项目

项目名称	建设规模	拟建设时间
"互联网＋农业"体系建设	占地 25 万亩	2016 ～ 2020 年
四川普网（北川）电子商务项目	建立中药材电子商务交易平台	2016 ～ 2020 年

3. 投资估算及资金筹措

"十三五"期间，"互联网＋"扶贫总投入 5.4 亿元，其中省级以上财政投入 1 亿元，业主投入 4.4 亿元（见表 3-6）。

表 3-6　北川县旅游扶贫电商项目投资

项目名称	建设规模	总投资（亿元）	资金筹措	
			省以上（亿元）	其他（亿元）
合计	—	5.4	1	4.4
"互联网＋农业"体系建设	占地 25 万亩	1	1	
四川普网（北川）电子商务项目	建立中药材电子商务交易平台	4.4	—	4.4

四　创新脱贫长效机制

脱贫攻坚离不开强大的政治体制机制保障。为了保障各项精准扶贫精准脱贫项目的顺利实施，打赢脱贫攻坚战，北川县在创新脱贫攻坚机制体制上也做出了不懈的努力。建立了目标责任机制、投入增长机制、资产扶贫机制、返贫预防机制、创新社会扶贫机制。[1]

---

[1] 李培林、王晓毅：《移民、扶贫与生态文明建设——宁夏生态移民调研报告》，《宁夏社会科学》2013 年第 3 期。

（一）构建目标责任机制

坚持"政府主导，分级负责；部门协作，合力推进"的原则，县主要做好扶贫力量组织调配、项目资金运行管理、帮扶措施督促落实、建档立卡信息统计等工作；各相关部门要加强合作，将规划目标严格落实，共同推进实施；乡镇、村（社区）要做好组织和带领群众推进扶贫项目实施、登记造册、监督管理、信息反馈等工作。制定脱贫攻坚职责分工和任务分解方案，以年度为周期制定和明确各乡镇和工作部门任务及其数量、质量要求，各乡镇和工作部门按照职责分工，明确主管领导、责任人、联系人以及各项工作进度要求，划定主体责任，将任务具体化、实在化、可操作化，确保扶贫对象稳步脱贫。

（二）构建投入增长机制

积极争取中央和省级项目在立项安排上向北川贫困地区倾斜，提高项目资金安排比例。大力整合上级到县的涉农项目资金，整合聚集各类投入资金，集中安排使用，实行资金精准投放，优先重点用于当年计划脱贫摘帽、脱贫的贫困村、贫困户发展。优化支出结构，加大财政专项资金扶贫投入，提高扶贫支出占一般公共预算支出的比重，对当年全县脱贫的贫困人口，财政扶贫专项资金要有一定投入，并重点向贫困村倾斜，县级部门涉农项目资金（不含到户到人资金）每年投入贫困村资金的比例不低于25%。

（三）构建资产扶贫机制

探索资产收益扶贫模式，引导贫困村将集体资产、贫困户将承包土地和个人财产入股，采取委托经营、合作经营等方式，确保贫困村和贫困户多渠道增收。探索财政支农项目资产收益扶贫新模式，将财政扶贫资金投入村集体组织或农民合作社所形成的资产量化到贫困户；将财政支农资金投入村或农民合作社形成的资产，经组织成员同意后，划出一部分，采取优先入股的方式量化到贫困户，实行贫困户收益保底、按股分红。探索理财收益扶贫模式，对无劳动能力的贫困人口，可将无指定用途的扶贫捐资或安排到户的扶贫资金，采取委托经营方式，帮助其获得理财收益、分红收入。

（四）构建返贫预防机制

全面建成小康社会，一方面要消除现有贫困人口，另一方面要遏制返贫。通过开展医疗卫生计生扶贫"五大行动"，实施"八免四补助"，切实减轻贫困人口治疗疾病经济负担，助推贫困人口恢复劳动力、脱贫增收，摆脱长期贫困。提高新型农村合作医疗和医疗救助保障水平，到2020年，基本实现在县内基层医疗机构就诊的建档立卡贫困人口中重特大疾病患者住院个人医疗费用零支付。进一步健全贫困地区基层医疗卫生服务体系，提高医疗卫生服务的可及性，改善医疗与康复服务设施条件。加强妇幼保健机构能力建设。加大重大疾病和地方病防控力度。继续实施万名医师支援农村卫生工程，组织城市医务人员在农村开展诊疗服务、临床教学、技术培训等多种形式的帮扶活动，提高县医院和乡镇卫生院的技术水平和服务能力。从根本上解决这个群众最关心、最直接、最现实的利益问题，让每个家庭不再因病而致贫、返贫。逐步提高农村最低生活保障和五保供养水平，切实保障没有劳动能力和生活常年困难农村人口的基本生活。健全自然灾害应急救助体系，完善受灾群众生活救助政策。加快新型农村社会养老保险制度覆盖进度，支持贫困地区加强社会保障服务体系建设。加快农村养老机构和服务设施建设，支持贫困地区建立健全养老服务体系，解决广大老年人养老问题。加快贫困地区社区建设。做好村庄规划，扩大农村危房改造试点，帮助贫困户解决基本住房安全问题。完善农民工就业、社会保障和户籍制度改革等政策，织牢贫困人口生活的安全网。[①]

（五）创新社会扶贫机制

创新完善人人愿为、人人可为、人人能为的社会扶贫参与机制，形成政府、市场、社会互为支撑，专业扶贫、行业扶贫、社会扶贫"三位一体"的大扶贫格局。创新社会扶贫参与形式，动员企业参与脱贫攻坚；支持引导社会组织、爱心人士采取定向、包干、与贫困户结对等形式参与扶贫；深入实施"三支一扶"计划，鼓励和支持扶贫志愿者行动。拓展社会扶贫公益平台，组织实施好"扶贫日"系列活动，通过政府财政资金购买社会组织服务的形式，推动社会组织打造社会扶贫精品项目和品牌；建立统一的社会扶贫公众信息交

---

① 喻沛杰：《制约贫困村产业发展的因素分析——以北川县紫霞村为例》，《产业与科技论坛》2017年第16期。

流平台，结合建档立卡工作，将贫困人口信息和需求与社会各界的扶贫意愿和扶贫资源，通过网络平台进行有效对接，创新社会扶贫机制和塑造公益慈善的公信力。[①]

（六）完善绩效评估机制

按照省市贫困对象退出标准，制定减贫验收办法；完善脱贫攻坚统计与贫困监测制度。严格按照省市县制定的相关办法，切实落实各乡镇、各相关部门领导班子和领导干部脱贫工作责任制考核，强化目标责任管理，把脱贫工作成效纳入各级领导班子和领导干部年度工作考核，实施动态考核机制。健全"111141"帮扶工作机制，切实明确驻村帮扶干部和队伍的职责分工、帮扶项目、考核办法和问责制度。切实落实督办督察机制，完善脱贫工作事前规划，加强重点项目事中督办，健全脱贫成效考核体系。建立完善通报、督办、公告公示等监督机制，形成脱贫工作督办考核的制度化、常态化。

第四节　北川县扶贫工作的具体措施

一　"四举措"抓实扶贫资金监督管理

北川羌族自治县高度重视扶贫资金监督管理，严守扶

---

① 李群：《多种创新助力精准扶贫》，《人民日报》（海外版）2016年8月16日。

贫资金管理使用程序，采取四项措施确保扶贫资金安全使用、规范运作、有效运行。2017年已统筹整合涉农资金用于脱贫攻坚，第一批安排计划资金5643.58万元，安排项目106个，其中县级扶贫资金1008.23万元。

（一）多方联动，搭建部门监督"大平台"

北川县积极协调相关部门参与到扶贫项目资金的监管之中，加强与相关部门间的联动，发挥最大的监督效能。一是构建全员参与的监督"大平台"。县委成立6个督导组，授予督导组"三项权力"，即有权决定干部就地停职、有权启动问责、有权决定岗位调整，对各乡镇、各部门履行脱贫攻坚相关职能进行明察暗访，重点检查扶贫资金使用情况。2017年一季度，重督组两次对全县22个乡镇贫困村与非贫困村进行了督察，对扶贫资金项目推进情况和会议贯彻落实情况、问题整改情况进行了专项督察。二是在扶贫项目的申报、评审、批复、资金使用、检查验收等关键环节都邀请财政、审计、发改、农业、林业、水务、交通、纪检监察等部门专家参加，发挥联动作用，做到全面监控。三是把扶贫项目资金的审计作为项目验收的重中之重，对未经审计部门审计的项目坚决不予验收，对项目审计中出现的问题决不姑息迁就，发现一起及时报请县纪委介入调查处理一起。四是2016年至今，财政专项扶贫资金交叉检查，审计署驻成都特派办，财政部驻四川专员办，绵阳市委托安州区审计局对北川县财政专项扶贫资金、彩票公益金、革命老区资金进行了审计与检查，加强了扶贫资金的审计监管。

（二）建章立制，守住资金监管"高压线"

把落实扶贫项目廉政制度作为扶贫工作的重要内容，切实抓好扶贫项目廉政制度的建立及实施。一是健全领导机构，及时成立以县委书记、县长为组长，分管脱贫攻坚工作的副书记、常务副县长为常务副组长，分管脱贫攻坚工作和财政工作的县级领导为副组长，相关职能部门为成员的统筹整合使用财政涉农资金工作领导小组，建立了定期联席会议制度，审核、裁定、解决脱贫攻坚工作开展过程中遇到的各种问题，明晰处理问题的部门职责。二是逐级做出廉政承诺，在各类扶贫项目批复前，各乡镇人民政府、村民委员会、村民小组逐级向上一级做出廉政承诺，签订目标责任书、扶贫项目资金廉政承诺书。三是建立廉政承诺履行情况督察评议制。在扶贫项目实施过程中，由扶贫部门牵头，会同纪检监察部门、审计部门、财政部门及相关行业部门，定期或不定期地对扶贫项目资金廉政承诺的履行情况进行督察评议，确保廉政承诺内容落到实处。四是规范扶贫资金管理使用，制订了《北川羌族自治县财政专项项目资金县级报账制管理暂行办法》《北川羌族自治县财政局关于规范财政专项资金报账（拨款）审批及支付流程的通知》《民办公助资金管理办法》等，从资金的分配、使用，项目的招标、实施、验收等关键环节进行规范管理及监督。

（三）把握重点，建成扶贫资金"直通车"

实行流程式监管扶贫项目资金，对项目资金的监管贯穿于扶贫开发的全过程。一是申报项目严格落实"三议一公开"制度，项目主管部门结合乡（镇）村脱贫攻坚规划进行首次核实，交由脱贫办核实汇总形成项目预安排计划，再次反馈乡镇，由联系乡镇县级领导和乡镇主要负责人再次核对确认，脱贫办汇总后报政府审定。二是资金使用公开透明，扶贫项目资金坚持做到事前、事中、事后"点滴"公告公示，自觉接受社会和群众监督；乡镇和村的扶贫项目建设及资金使用在政务公开栏和村务公开栏进行动态公示。三是在县财政局设立扶贫项目资金专户，建立专账，实行专人管理，确保资金运行安全快捷。四是严格实行财政报账制，坚持做到报账程序科学规范，报账原始资料真实完备，资金拨付及时到位，确保扶贫项目资金报账及时规范。五是严格项目审批程序，认真做好扶贫项目的前期调查论证工作，在充分尊重群众意愿的基础上，结合本地实际，制定科学合理的项目计划，全力避免扶贫项目资金的损失和浪费。六是定期检查审计，脱贫办牵头做好扶贫资金监管的组织协调，会同相关部门定期组织对年度扶贫资金管理使用情况进行审计检查。

（四）坚持创新，打造资金监管"大笼子"

探索扶贫资金监管的新方法、新途径，不断创新扶贫资金监管工作机制，充分发挥行政监督、群众监督和社会监督的作用，全面提升扶贫资金使用效益。一是探索建立整合涉农资金项目"以奖代补、民办公助、一事一议、先建后补"管理新机制，对全县涉农整合资金项目推行民办公助实施方式，事前必须通过一事一议，由群众集体商议决策，事前、事中、事后的相关内容、程序及资料必须通过村务公开栏等形式公开公示。二是坚持扶贫资金绩效考评机制。对扶贫资金管理使用的情况进行绩效考评，考评结果既作为各部门、乡镇工作目标考核的依据，又作为下年度分配扶贫项目、资金的参考因素。三是坚持扶贫资金监管责任追究机制。本着"谁审批、谁负责、谁监管"的原则，扶贫项目资金审批部门的主要领导是监管第一责任人，分管领导是直接责任人，管理资金的工作人员是具体责任人。凡是在扶贫资金管理使用中违反规定、失职渎职造成扶贫资金损失的，严肃追究相关责任人责任。

二 加快促进产业发展，提升县域整体经济水平

北川县委、县政府积极改变传统发展理念，紧扣供给侧结构性改革这条主线，扎实培育县域经济发展新动能，多举措打造"北川版"脱贫攻坚产业，强力推动县域经济整体发展水平迈上新台阶。

（一）老树新枝，激发传统产业活力

改造升级有产品市场、技术人才、发展潜力和基础较好的"四小"传统产业，持续优化农业产业体系、生产体系、经营体系，培育农业农村发展新动能。重点打造永安镇通口猕猴桃、小坝片口中药材、坝底片区高山蔬菜等精品农业基地，建立玉米、马铃薯等粮食万亩高产创建示范片4个，发

展优质生猪、白山羊、冷水鱼、蜂蜜等特色生态养殖，成功创建北川花魔芋、北川白山羊等"三品一标"品牌33个。提倡绿色生产生活方式，力争建成生态循环农业示范点6处。同时，持续推进农村集体产权制度改革，加快建设农村产权交易中心示范点，引导更多社会资本投向农村。

（二）腾笼换鸟，促进绿色转型产业发展

主动淘汰附加值低、科技含量低、非绿色环保的传统产业产品，加速"两新"产业聚集，全县"两新"企业总数达到6家。重点开展通航产业和食品医药产业的培育和聚集。其中通用机场立项审批涉及的8个大项、108个子项前期文件起草已基本完成，军地协议和空军场址审查意见正在批复中，园区内跑道、路网等基础设施正加快建设，投资50亿元的"大美羌城"——泛美航空科技城项目已正式动工。持续提升打造药博园、双创谷、电商港等创新产业平台，一季度"两新"产业总产值达到1.52亿元，占全县工业总产值的22.7%；新增科技型中小企业5家，总数达到176家。专利申请量31件，其中发明专利22件；专利授权13件，其中发明专利5件，技术合同签订达1018万元。

（三）守正出奇，打造战略性支柱产业

以列入首批"国家全域旅游示范区"创建单位为契机，大力推进旅游目的地建设，建设全域旅游景区。完成《北川羌族自治县全域旅游目的地发展总体规划及近三年行动计划》编制并通过评审；成功举办春节系列民俗文娱活动、冰雪节、风筝节、辛夷花节等活动。坚持产业互动，充分发挥"旅游+"的拉动、融合、催化、集成作用，使相关产业插上旅游的翅膀，实现腾飞。2016年一季度北川县共计接待国内旅游人数145.75万人次，同比增长23.75%；实现旅游综合收入14.32亿元，同比增长25.07%。

（四）合作发展，转变理念，携手共赢发展

一是加大本土企业与央企、国企等大企业合作力度，引入新的经营理念、人才技术、资金市场、生产工艺及生产装备等。四川普网科技有限公司"本草易"中药材项目，与省内及省外30余家企业（四川省中药材公司、上海申安联合、山西振东集团、山东鲁南中药材物流城、江西青峰药业等大型企业）达成了战略合作意向，围绕对接追溯平台、互通贸易、共享共建药材产地资源三个内容进行友好合作，吸纳创业人员近200人，实现线上交易总额20亿元，缴纳税收1500余万元，建成标准化中药材种植基地8000余亩，解决2000余贫困人口就地就业，带动600余户贫困户增收。二是加强与科技公司交流合作，兴美农业、大梁康庄、安福魔芋等企业积极参与科技扶贫，为贫困群众送去中药材、羊肚菌等种子和技术。三是加大与院校、科研机构的合作发展，充分发挥200万元人才发展专项资金作用，面向大学、科研院所等柔性引才。

（五）借网发展，全力打造电商扶贫利器

以农村电商的快速发展为契机，以农村产业融合升级为动力，全力打造电商扶贫利器，转变资源优势为发展机遇，让贫困地区直接对接广大市场，克服本地市场狭小的劣势，在大市场上找到订单、发现商机、整合资源，带动农民创业致富，有力推动脱贫攻坚工作。同时，通过"互联网＋新业态、新模式"促进一二三产业融合，大力发展现代生态休闲农业、观光旅游农业、现代物流、云平台、大数据等现代服务业。目前，建成电商平台5个，乡村电商服务站点168个，电商经营主体达到499家，物流体系2个，农产品溯源基地13个。2016年1～4月，全县限上规上企业触网率达到90%，预计实现电子商务交易额56亿元，完成目标任务46.67%，电商零售额0.87亿元，完成目标任务41.43%。

（六）筑巢引凤，推动产业项目集聚发展

成立县投资促进工作委员会，认真研判形势和产业政策，研究"十三五"规划项目，与国家、省、市项目库对接，准确把握投资方向和投资重点，及时更新补充项目，健全招商项目储备库，共储备项目78个。2016年第一季度县委县政府主要领导开展外出招商10次，对接项目13个；签订合同协议2个，总金额2.7亿元，拟签约项目10个，总金额12.4亿元；实现国内省外到位资金4.61亿元。顺利举行36个重点项目集中开工仪式，成功营造全县项目建设大比拼的浓厚氛围，1～4月，全县在建项目51个，完工项目8个，累计完成全社会固定资产投资18.07亿元，完成率38.9%。①

---

① 李永富：《北川"五大"工程助力精准扶贫》，《四川劳动保障》2016年11月15日。

三 探索发展现代农业循环产业路径

北川县通口镇积极响应习近平总书记在"十三五"规划中提出的"创新、协调、绿色、开放、共享"五大发展理念，结合当地自然生态环境，采用"种养一体化"方式建设生猪养殖粪便综合利用工程，按照"猪—沼—果（蔬）"循环农业模式，实现粪污零排放和全消纳，形成产业相互融合、物质和能量多级循环的农业产业体系，率先探索出一条农业循环产业发展路径。

（一）摸门路谋发展

近年来，通口镇种养殖产业不断发展壮大，现有通泉村规模性生猪养殖场两家、幸福村养鸭场一家，均以现代化管理方式为主，采取自繁自养的方式饲养生态猪、生态鸭；猕猴桃农业种植区于2011年开始建设，2013年完成建设并投产，种植面积5000余亩，辐射永安镇、曲山镇、香泉乡三个乡镇。但是随着市场不确定因素增多，特别是近年来生猪价格的大幅波动，合作社发展单一产业抵御市场风险能力偏弱的弊端日益凸显，加之农业发展面临动力不足、农产品质量不高、农民种养效益较差、农业资源循环利用率低，农户增产不增收的产业发展困境，镇党委、政府和合作社成员主动访专家、查资料、搞调研、征良策，在全面摸透自身发展实际和学习借鉴发达地区经验的基础上，提出了发展农业循环经济的强村富民新思路。通过农艺或工艺措施，通口镇将农作物秸秆、畜禽排泄物、农产品加工剩余物等农业有机废弃物加以综合利用，生产有机肥直接还田作肥料，实现农业资源的再生增值和多级利用，既有效控制了环境污染，又带来可观的经济效益，促进了农村生产、生活、生态的协调发展。

（二）探索生态循环农业发展路径

生态循环农业对干部群众来说是一个新生事物，也是构建新型产业链条过程中必然要面对的全新课题。镇党委、政府和合作社成员充分发挥组织引导作用，首先在搭台子、铺底子等基础性工作上下真功夫，围绕探索打造高效产业循环链这一课题，通过思路上"领"、政策上"扶"、信息上"引"、物资上"帮"、技术上"带"、措施上"促"，进一步明确培育生态循环产业链的具体措施及具体目标。全镇所有养殖场充分与种植基地相结合，把成型的粪污收集起来，全部畜（禽）粪便通过干湿分离机处理后装袋，用于全镇及周边近万亩猕猴桃种植基地生产高品质水果、蔬菜及其他经济苗木等。循环生态产业每年可处理20000头生猪排泄物，全镇农业废弃物利用率达到98%，有效利用粪便资源，变废为宝，同时带动当地1000余农户发展生态农业，实现"绿色生态循环农业"，并为当地提供500余个就业机会，解决农村剩余劳动力就业问题。

（三）合力助跑脱贫

通口镇探索循环生态农业发展路径，市、县两级党委政府领导高度重视，多次实地察看，入户访谈，并积极解决建设资金紧缺、养殖技术落后、市场销售乏力等主要问题。企业参与积极性高，农户主体作用发挥明显，合作社立足发挥示范带动作用，积极推进产业发展"小循环"模式向全村辐射，全方位帮带群众，帮助群众分析落后原因、制定增收计划、解决生活困难、解决技术难题，做到政策宣传到户、实用技术到户、帮扶项目到户、解决问题到户、增收措施到户，有效增强了全村群众发展循环产业的后劲。通过新建（包括改建）方式，通口镇将建成标准化示范养殖场4个，养殖产业可实现年销售收入2000余万元，利润总额可达800余万元；种植业可实现年销售收入300万元，利润总额可达200余万元，从而实现农业"生态循环，脱贫奔康"的战略目标。

四 五种措施加速脱贫

北川县自开展精准扶贫精准脱贫以来，多措并举，狠抓落实，于2015年实现精准脱贫5087人，完成省目标任务的136%；2016年1～8月，全县已上报脱贫人口4306人，完成省定目标的86.78%（省定18个贫困村摘帽、4962人脱贫），减贫进度居全市第一，贫困发生率从2015年的12.3%下降至5.57%。

（一）促进新农村建设

坚持把新农村建设作为提升农村发展能力的主抓手，建成75个幸福美丽新村。主要措施如下。强基础：整合各类财政资金12亿元，集中投入扶贫开发，着力改善农村道路、农田水利、安全饮水、电力保障等基础设施和农村生产生活条件，进一步夯实脱贫致富基础。美环境：充分体现农村特点，注重乡土味道和羌族特色，保留乡村风貌，大力推进"五改三建"工程，村容村貌焕然一新，"四有四好"新村创建力度加大。加强农村环境综合治理，促进人居环境不断改善。树新风：注重塑造新风正气，提振贫困群众不等不靠、自立自强的"精气神"。持续推进农村精神文明建设，北川县成为全省唯一一个参加全国农村精神文明建设工作经验交流会的代表县，北川经验在全国交流推广。

（二）发挥北川县自然优势

作为少数民族山区县，北川突出的资源优势是生态。北川始终秉持"绿水青山就是金山银山"的理念，致力将生态优势转化为发展优势，建立"分区管理、分级控制"管控体系，健全生态环境保护责任追究等制度，出台环境保护负面清单制度，开展乡镇党政主要负责人离任生态环境审计评估，严守生态红线。围绕建成"大美羌城、生态强县、小康北川"，大力实施"品牌先导、绿色崛起、双创驱动、开放粘合"四大战略，着力打造文旅发展引领区、精品农业示范区、通航经济创新区、应急产业先行区，有效推动产业绿色转型。依托山区自然环境，大力培育和发展中羌药材、特色种养殖、乡村旅游等优势富民产业，让北川成为天蓝、地绿、水净的生态家园。[①]

---

① 王守蕾、峻川：《北川：全域打造知名文旅目的地》，《四川日报》2017年3月15日。

（三）加快产业园区建设

推动通用机场立项建设，推动山东产业园提质增效，推动石材产业园上档升级，加速柳林工业园建设，完善基础设施，加快道路、厂房建设；加快特色产品精深加工，重点培育大禹羌山、美佳食品等体现本地资源特色的主导优势产业企业，2016 年 1 ~ 8 月，全县 33 户规模以上工业企业实现总产值 16.72 亿元，同比增长 9.29%。

（四）实施旅游扶贫示范工程

启动青片乡省级乡村旅游特色乡镇及精品村寨创建，推进 20 家星级农家乐培育工作，十大乡村旅游节庆品牌打造提升，6 个旅游扶贫示范村、60 个民宿达标户打造；实施旅游商品开发工程，开发 20 余种农土特旅游产品、1000 余种文化创意旅游商品、12 类 30 余种体验性特色歌舞、民俗活动等文旅融合产品；实施旅游扶贫重大项目建设工程，储备重大项目 34 个，预计投资 46.17 亿元，启动安昌镇金龟村西羌莫尼山庄园、桂溪镇亚圣水上娱乐及漂流等十余个重大项目；实施旅游扶贫培训工程，对 36 个旅游扶贫村分类开展 3 期 1200 人次的技能与服务、营销策划培训。

（五）结合北川特点建设社会主义文化

以文育民，弘扬禹羌文化、红色文化、抗震文化，增强广大群众的文化认同感、自豪感和归属感，汇聚北川砥砺奋进、追赶跨越强大精神力量。大力宣传"兰辉式好干部""北川好人"等先进典型，推动社会主义核心价值观落地生根。以文富民，大力扶持北川羌绣、古羌茶艺、羌族草编、水磨漆等文化企业发展，积极申报省级文化产业示范基地。重视支持"大美羌城"项目，打造特色文化创意产品，催生新的经济增长极。以文惠民，精心打造大禹祭祀习俗和羌历新年系列文化活动，不断满足群众文化需求。加强红四方面军总医院旧址等文化遗产和上午村、黑水村等古村落保护，积极做好非遗文化遗产申报。持续开展精神文明创建活动，广泛开展"感恩奋进"教育、"四好村"创建活动，引导群众住上好房子、过上好日子、养成好习惯、形成好风气。[①]

五　积极探索实施"4+6+4"精准扶贫新模式

北川县在脱贫攻坚战中始终坚持把创新作为第一动力，积极探索实施"贫困户+"产业扶贫模式、"集体经济+"模式、企业帮扶等"4+6+4"精准扶贫工作模式，为精准脱贫注入活力，使精准扶贫效应不断扩大，有力地加快了脱贫攻坚步伐。

"贫困户+"产业扶贫模式。一是贫困户+财政项目资金。财政扶贫资金"参股入社、配股到户、按股分红、脱贫转股、滚动使用"的扶贫模式，使贫困农户通过定期分红达到稳定脱贫目标。二是贫困户+特色种养业。支持贫困户发展特色种养业，发展魔芋、茶叶、高山蔬菜、羊肚菌等特色种

---

① 李清娥：《5·12震后旅游扶贫的实践效应——北川羌族自治县旅游开发模式分析》，《西南民族大学学报》（人文社科版）2012年第5期。

植基地 75 万亩，发展土黄牛、白山羊等特色养殖场 50 个，建成农业产业基地 21 个，有效带动 1000 余贫困户增收，户均增收 981 元；整合中羌药材资源，带动贫困户种植中药材 30 余万亩，人均增收 800 元以上。三是贫困户 + 合作社。合作社采取流转贫困户土地、吸纳贫困户生产资料入股等方式，鼓励贫困户入股分红，建成种养合作社 408 个，带动贫困群众通过分红增收 500 元以上。四是贫困户 + 龙头企业。采取"龙头企业 + 基地 + 贫困户"模式，发展订单农业，带动贫困户参与马铃薯、中医药等产业基地建设，由龙头企业负责技术指导和销售，实行统一供种、收购、培训、销售，农户负责种、养等生产环节的工作，企业让利于农户，实现企业与农户的双赢。

"集体经济 +"模式。一是"村集体 + 能人"模式。引导外出"能人"返乡创业，村集体以土地资源入股 + "能人"带动产业链纵向延伸，横向拓展，村集体在土地流转上保障服务，协同合作，利益共享。二是"村集体 + 合作社"模式。依托农业主导产业，由村集体牵头创办新型经营主体，成立专业合作社，实行农户股份合作经营，合作社提供市场信息、技术指导、市场销售，盈利按股分红，促进集体增收、农户得益。三是"村集体 + 种养大户"模式。由村集体主导，党员骨干或种养大户 + 贫困户整合产业扶持周转金等，发展集体经济，村集体和贫困户按一定比例分红，实现村集体和贫困户双赢。四是"村集体 + 土地出租"模式。对符合土地整理条件的村，政府优先安排土地开发，扩大土地面积，由村集体将土地统一流转，统一采取招拍形式出租，避免农户小规模流转，增加村集体经济收入。五是"村集体公共设施+服务"模式。通过"一事一议"方式落实村集体公共设施（包括道路、人饮和生产用水等）管理养护人员，按人数或土地面积收取一定费用，用于维修维护村公共设施。六是"财政资金+合作社、企业"模式。将财政涉农资金打捆投入合作社、村集体经济组织，按照占比将股权量化到村集体、专业合作社，获取的利润按照专业合作社章程进行管理和分配；将财政涉农资金打捆投入企业或其他新型经营主体，按照不低于财政投入资金的3%向村集体计提收益，村集体收益将不低于30%的收益作为村集体经济积累资金。

企业帮扶模式。一是企业直接带动模式。引导龙头企业主动适应消费结构升级的新形势，加快供给侧结构性改革，培育"两新"企业6家、市级以上龙头企业33家，为贫困户提供就业岗位1000个，人均增收1000元以上。二是就业带动模式。加大劳动力培训输转力度，突出劳动力技能培训、农业实用技术培训"两重点"，加快培训资源整合进度，通过劳动力培训提高务工收入，全县转移输出贫困劳动力4000余人，增加收入8800万元。三是资产收益带动模式。引导贫困户以土地、原材料、精准扶贫专项贷款等资金和生产资料入股企业参与分红。四是混合带动模式。企业参与精准扶贫不限于1种或1类模式，而是结合贫困村实际，最有效的就是将企业对接带动、就业带动、资产收益分红等多种模式结合在一起的混合模式，效果十分明显。①

① 李群：《多种创新助力精准扶贫》，《人民日报》（海外版）2016年8月16日。

第五节　北川县扶贫攻坚成效

2016年是"十三五"的开局之年，也是打赢脱贫攻坚战的首战之年，俗话说：好的开始是成功的一半，因此首战告捷对于接下来的扶贫攻坚战的展开有着重要意义。2016年北川县聚焦"两不愁三保障"和"四个好"目标，瞄准第一年预摘帽的18个贫困村、4962名贫困人口，克难攻坚、精准发力，脱贫工作取得了阶段性成效。

一　目标完成情况

2016年初，北川有贫困村93个、贫困户4129户、贫困人口12379人，全县贫困发生率为9%。10月24日，北川县全面启动贫困退出验收考核工作，贫困村退出已接受市级验收考核；贫困户退出完成乡（镇）初验、县复验和重督组的第三方评估。目前，已验收合格贫困村退出18个，县政府已批准贫困人口脱贫5863人，超额完成省定目标，全县贫困发生率预计降至5.2%。

二　扶贫投入情况

1. 人力方面

全县联系帮扶省市领导9名、省市帮扶部门21个；落实县级领导36名、县级部门76个；下派驻村工作组93个、

图 3-12　课题组同志听取扶贫局干部关于扶贫工作进度的汇报

（刘涛拍摄，2017 年 7 月）

第一书记 93 名、农业技术人员 93 名，定点帮扶 22 个乡镇，千名干部与贫困户结成帮扶对子。

2. 项目资金方面

2016 年 1 ~ 11 月，县脱贫攻坚累计投入资金 6.53 亿元。按资金来源划分，财政扶贫 1.06 亿元，其他行业资金 5.47 亿元。全县从行业资金中共安排扶贫重点项目 190 个，已完工 128 个，在建 62 个。

三　主要工作措施

1. 聚力基础设施建设

投入资金 1.35 亿元，为 93 个贫困村修建村道 270 公里，年内能够实现贫困村通村硬化路全覆盖。投入资金 803.34 万元，解决 2.52 万人口饮水问题，安全饮水覆盖率 100%。投入资金 5100 万元，改造农村电网 23 个村，电网改造安全率达到 96% 以上。投入资金 1600 万元，建设高标准农田 4500 亩。建成 4G 基站 451 个，率先在通坪村试点"Wi-Fi 进村"网络信息扶贫。

2. 聚力产业发展

一是推动种养扶贫。通过"项目资金 + 贫困村、贫困户""贫困户 + 特色种养业""贫困户 + 合作社""龙头企业 + 市场"四种模式，切实做到产业扶持对象精准，实现产业带动人均增收 1000 元以上。二是推动电商扶贫。仅"普网·药博园"就与群众共建标准化中药材基地 6000 余亩，带动药农人均增收 3000 余元。借力"双十一"，40 余家电商企业劲销 350 万元，片口村淘站点交易额列全省第二。三是推动旅游扶贫。发展具备接待能力的各类农家乐 419 家，覆盖全县 45 个贫困村、9068 名贫困人口，带动就业 26085 人，贫困群众从事旅游业达到 3000 人以上，围绕旅游业人均增收 719 元。四是推动金融扶贫。落实产业扶持周转金 1370 万元，1180 户贫困户借款总额 1137.1 万元；小额信贷授信 3206 户 9493 万元，已放贷 912 户 3744.41 万元。省级安排转贷基金 3243 万元，带动 3.2 亿元投入脱贫攻坚。投入财政资金 293.7 万元对 979 户非贫困村贫困户每户补助 3000 元，用于"四改三建"或产业发展。壮大集体经济。在发展途径方面，探索土地规模经营和股份合作型、资源开发和资产经营型、产业项目带动型等六种路径；在运行模式上，探索"村集体 + 能人""村集体 + 合作社""村集体 + 种养大户"等六种模式。全县 311 个村集体资产达 9358.63 万元，其中 132 个村有集体经济收入（有 55 个贫困村有集体经济收入）。

3. 聚力民生改善

提升生活水平。投入资金 383.4 万元，完成易地扶贫搬迁 23 户 66 人，已搬迁 66 人，完成率 100%，居全市第一。投入资金 100.5 万元，完成 87 户农村贫困户危旧房改造；投入资金 1227 万元，完成 4157 户"四改三建"工作。在推动教育扶贫方面，率先落实农村义务教育学生免费午餐政策和民族地区十五年免费教育计划，顺利通过国家义务教育均衡县创建评估；争取资金 4341 万元资助近万名贫困学生；筹措 102 万元，帮助 407 名贫困学生实现"大学梦"。在推动医疗扶贫方面，全面实施"十免四补助"，今年发放医疗补助 103 万元，受益贫困群众 1019 人。推行大病医疗保险和分级诊疗制度，农村新农合参合率达 100%，贫困家庭新型农村社会养老保险参保率 100%，贫困群众个人医疗费用支出比例控制在 10% 以内，住院全面实行零支付。强化政策兜底，落实"两线并轨"，农村低保补助标准调整为每人每月 260 元。

4. 聚力移风易俗

把扶贫与"四好"村创建结合起来，以乡村文明大行动为主题，集中开展清洁行动、健康行动、礼仪行动，全面建设 80 个幸福美丽新村；把扶贫与扶志结合起来，提振精神气、凝聚正能量，引导群众靠勤劳双手创造幸福美好生活；把扶贫与扶智结合起来，召开院坝会 1200 余场次，激发群众学文化、学技术、学政策、学法律的激情，组建 5 个精准脱贫专家服务团、47 名农技骨干巡回为贫

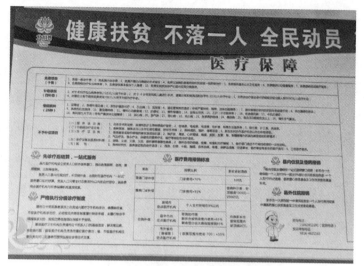

图 3-13　健康扶贫和医疗保障宣传栏

（李群拍摄，2017 年 7 月）

困户提供技术支持，各类培训 78 期 6897 人，覆盖贫困家庭劳动力 6000 余人；新增农民工等返乡创业人员 116 人，创办企业 46 个。

5. 聚力责任落实

落实党政领导政治责任。制定《脱贫攻坚减贫实施方案》《"五个一"帮扶问责制度》，以及乡镇、部门领导班子及领导干部个人脱贫攻坚实绩的单项考核办法。创新实施"真脱实退"考量机制、"收入台账监测"机制，帮助贫困群众细算收入账。成立 5 个"重督组"巡回开展脱贫攻坚专项督察，印发退出评估表册及问卷调查 8000 余份，限期整改问题 18 个；落实社会各方共同责任。引导 109 家民营企业与 93 个贫困村结对帮扶、村企共建。积极做好"扶贫日"系列活动，汇聚爱心洪流，累计捐款 636 万元。

6.聚力宣传营造

下发《四川省扶贫开发条例》3000册，编制脱贫攻坚各类《工作手册》8000册、《明白卡》5000份，张贴连心卡6000张、印发宣传挂历6000份、悬挂宣传标语1000余条。撰写工作简报20期，工作专报40期，市级及以上行业媒体采用123篇，其中国家级媒体采用3篇，省级媒体采用58篇，市级媒体采用22篇，扶贫开发系统宣传工作位居全市前列。

四 需要改进的方面

北川脱贫攻坚虽然取得了一些成绩，也得到国家、省市各方面的肯定，但与国务院、省委省政府、市委、市县政府要求相比还有差距，主要表现在：一是北川区域性贫困突出，贫困群众持续增收存在一定困难；二是北川财政

图3-14 课题组主持召开北川县扶贫局座谈会
（刘涛拍摄，2017年7月）

压力巨大，对基础设施建设、产业发展项目、民生改善上解决区域性脱贫的资金投入仍然不足；三是产业支撑力度还不够，村集体经济发展不平衡、发展后劲不足等问题尚未从根本上得到解决，集体经济基础较为脆弱；四是非贫困村发展的均衡性问题依然存在。[①]

① 李培林、王晓毅:《生态移民与发展转型》,《社会科学文献出版社》, 2013。

第四章

川西北地区精准扶贫精准脱贫的
典型案例

第一节　发挥行业优势助推精准脱贫

一　北川普网·药博园创新实施"4+3"模式，有效带动药农增收致富

　　北川羌族自治县根据自身地理特点，抢抓国家产业结构调整重大机遇，把控"无形手"，用好"有形手"，引入绵阳本土企业普网科技公司，打造普网·药博园。以"中药材＋互联网＋物联网"为核心发展思路，建设中药材电商平台和贸易基地。协调中药材上下游供需关系，通过优化产业结构，降低中药材加工企业收购成本，全面推动北川中药材产业的现代化发展，将贫困人群转变为药材

种植户、药材加工工人、药材贸易商、药材运输人员、药材仓储管理人员等行业主体，达到"以业养人"目的，实现扶贫而不返贫，最终实现脱贫致富。

"普网·药博园"创新实施了"4+3"模式，有效带动药农增收致富，为社会扶贫工作的深入开展做了有益的探索。在北川建立集中药材种植、加工、贸易、产品研发、技术革新、观光旅游于一体的全新生态圈。自 2015 年 9 月 22 日试营业以来，该平台已签约药商 130 家，入驻药商 69 家，平台交易额达到 1.6 亿元，中药材现货交易近 280 万元。市委书记彭宇行曾专程到北川"普网·药博园"调研"互联网+"产业发展推进情况，他对企业抢抓市场商机、创新运作模式表示赞许，希望企业借力"互联网+"和绵阳优质资源，进一步做大规模、提升实力，为当地老百姓增收和绵阳现代服务业发展做出贡献。[①]

（一）"四大帮扶"措施促产业发展

1.产业帮扶夯基石

一是打造种植基地。在北川小坝乡、桃龙乡、白什乡、通口镇、安昌镇、擂鼓镇等几个代表性乡镇进行"万亩中药材规模化种植"，涉及银杏、玄参、桔梗、芍药等药材十余个品种，种植面积 8000 余亩，参与种植药农 5000 余人，发动贫困户 200 户，药材产量总计上千吨。二是产业带动就业。在药材种植，药材前处理基地建设，药材收购、销售、仓储物

---

① 《北川脱贫攻坚新举措——"4+3模式"搞活中药材产业促农增收》，四川新闻网绵阳要闻，http://my.newssc.org。

流等环节，逐步将农户职业化，并优先帮扶贫困户，将其转变为专业的药材种植户、药材加工工人、药材贸易商、药材运输人员、药材仓储管理人员等行业主体，达到"以业养人"的效果。三是建立种植示范园。成立中药材种植专家小组，重点扶持各乡镇已有的高附加值中药材品种，科学规划、指导建立中药材科学种植示范园，规范药材种植与管理，增加药农收入。四是盘活农村闲置资产。改造播鼓镇和小坝乡2个药材前处理基地，为其提供物业改造、宣传包装、银行贷款、贸易引流、节点追溯、可视化仓储等服务，两个前处理基地贸易量较以往提高了30%，可消化县境内50%以上的本地药材。

2. 信息帮扶通市场

一是建立药材追溯体系。通过自主开发的追溯系统，建立"一户一码"和"一品一码"，从药材流通源头把控质量、提升产品附加值、树立区域品牌；另外从电子档案中更精确地锁定贫困户，优先帮助其进行药材种植和进行贸易指导、引导和推广，有效降低质量安全风险，减少由于质量安全问题给扶贫对象带来的二次伤害。二是多渠道推送信息。通过项目研发的"本草云仓"手机APP端口和县委组织部在每个乡镇设立的IPTV远程网络电视，将产业发展中搜集到的大数据信息、市场动态信息时时推送至各乡镇药材种植基地，达到信息互联互通的效果，让药农和贫困户足不出户便可了解市场行情。

3. 科技帮扶提质量

一是电商助力产业发展。普网·药博园利用"本草易电商交易平台"直接将产区农户连接到市场，药农通过电商交易平台将药材直接销售到市场，减少流通环节。通过"以销定产"的方式进行药材规模化种植，既开拓了药农的销售提高收入，又保证了药农和贫困户不盲目引种，变传统粗放式为现代化精心发展模式。二是培训助力产业发展。联合药厂、省中医药科学院对返乡大学生和药农进行电商技术人才培训和种植技术培训，先后到种植面积较大的村开展中药材种植管理、技术和销售等方面的培训30余次。

4. 金融帮扶解民忧

正在有序筹建中药材专项扶贫基金，普网·药博园"本草富民"项目联合北川金融机构、政府筹建一只专用于扶持中药材产业发展的专项扶贫基金，为药农提供融资服务，满足贫困户、药农在种植药材、贸易环节对资金的需求，其中包括农户在种植环节对种苗、农资农具的预购、药材仓单质押、药材贸易时的资金周转、技术引入及培训、保险购买等，让农户消除发展中的后顾之忧，着手打造"北川万亩中药材规模化种植基地"。2015年起陆续在小坝乡、桃龙乡、白什乡、通口镇等乡镇种植银杏、玄参、桔梗等药材6000余亩，直接或间接带动2000余户药农增收增产，其中带动贫困户612户，预计每户增收2000元。截至2016年10月，普网·药博园联合中药材贸易商定向收购中药材4055万元，签订中药材收购协议9525万元，惠及上万农户，其中惠及贫困户1267户，年增收近1500元。

（二）实施"三+模式"，多管齐下提升产业效率

北川普网·药博园平台利用强大的资源整合能力，率先

转变发展方式，打造中药材产销对接、共建、合作"三种模式"，大力推动北川中药材产业科学、健康、持续发展。

1. "互联网+中药材产业"产销对接模式

利用交易平台连接农户和市场，开拓药农的销售和信息渠道，将产业三大重要主体——药农、贸易商、药厂汇聚到平台上，以贸易为驱动"引擎"，激活产区药材资源，让订单自主集聚到产区，降低中药材加工企业收购成本，在中药材主产区形成一个集中药材种植、收购、初加工、质量检测、贸易、仓储物流、产品研发、技术革新于一体的全新生态圈，转变传统粗放型发展模式，创建全国首个原药材流通品牌，打造地道原药材直供平台。中药材作为偏远山区的主要经济作物之一，其种植是实现农户脱贫致富的重要手段。传统中药材产业存在市场信息匮乏、销售渠道狭窄、种植技术落后、人才匮乏、物流配套薄弱等问题，一直是限制贫困地区中药材发展的桎梏。北川普网·药博园以产业为基础、以市场为导向，通过PC端和移动端连接农户和市场，实现产销对接，转变传统粗放型发展模式。同时加大电商技术人才培养，储备当地药材发展后续力量，最终提高药农销售收入，达到持续性扶贫目的。从2015年9月试运营到2016年10月底，该平台已签约药商133家，线上平台交易额达到19.3亿元，上缴税金1292万元，解决本地就业创业近200人。

2. "党政银企"多元化共建模式

建立党政银企共建领导小组，充分调动药商、药厂、定点帮扶单位、银行、商会、公益组织等社会力量，在产业链配套、技术资源合作、市场开拓等方面进行资源整合，形成脱贫攻坚合力。普网·药博园围绕药材规模化种植、中药材定向收购、提供就业创业岗位等展开扶贫工作，并顺应供给侧结构性改革要求，加强科技创新。全县各级各部门全心全意服务企业、关爱企业，积极构建"亲""清"政商关系，尽心尽力帮助企业解决实际问题，服务便捷高效、精准到位。

3."企业＋平台＋合作社＋农户"合作模式

普网·药博园联合北川药农成立合作社或者直接与已成立的合作社合作（全县有中药材专业合作社 39 个，其中省级专业合作社 1 个），将企业、平台、合作社和农户各方都融入产业发展中，一种方式是企业让贫困户入股项目分享发展红利，另一种方式是企业与当地合作社或者药农签订药材保底收购价（依照市场行情上下浮动 20%），有效保障了当地老百姓的利益。

自 2015 年开展项目到 2017 年初，北川县整个中药材产业呈良性发展，平台贸易活跃，药材交易额近 20 亿元，贡献税收 1500 余万元。另据不完全统计，药商和药厂在北川收购药材现货 2 亿元，影响了上万户药农，带动至少 5000 人增收增产，帮扶贫困户 600 余人，人均增收1500 ～ 2000 元。

为了支持普网·药博园的发展，按照绵阳市食药监局李勇局长的安排和要求，近日，庞海鹰、王军副局长带领市局药化生产科、市场科负责人一行到北川药博园进行了调研，王军副局长又再次邀请普网·药博园董事长韦德华等一行到药博园座谈，对药博园的发展定位、经营模式、入驻药商经营资格以及互联网销售药品、中药材现货交易等方面进行了沟通，双方取得了一致共识。市局形成了支持普网·药博园发展的五条具体措施：一是积极协助该企业向省局申办互联网药品信息服务资格证；二是积极协调省局领导来绵阳实地考察，争取政策支持；三是指导企业积极走品牌化发展道路，形成互联网地道中药材交易品牌；四是指导企业规范招商散户的主体资格，形成合法经营主体；五是加强服务，把握普网后台交易对象、数量等信息，为监管工作提供依据。

二 着力打造文旅发展引领区，实现就地脱贫

北川县被评为"2015年四川省旅游强县"，入选首批"国家全域旅游示范区"创建单位。2016年1～6月，全县接待游客249.61万人次，同比增长26.82%，实现旅游收入21.74亿元，同比增长24.58%，旅游业已成为县域经济发展的重要支柱和助农增收的重要抓手。

（一）完善领导机制、管理机制、营销机制，全方位保障全域旅游发展

1.完善全域旅游组织领导机制

领导机制顺不顺，直接关系全域旅游推进效率。过去由旅游主管部门主导的旅游发展机制已不完全适应当前全域旅游发展形势，发展全域旅游，领导机制需从部门行为向党政统筹推进转变。北川正着力建立健全县委县政府主

导、旅游主管部门牵头、各相关部门（乡镇）联动配合的全域旅游发展领导机制，形成党政齐抓共管的强大合力，从源头上解决旅游主管部门一家唱"独角戏"的问题。

2. 构建全域旅游综合管理机制

注重破除制约旅游发展的资源要素分属多头的管理瓶颈和体制障碍，加快构建各部门联动的综合管理机制，切实提升旅游综合管理水平，有效维护旅游市场秩序，保护游客合法权益。北川正研究建立由旅游、食品药品监管、工商、质监、发改（物价）、安监、公安、交通等部门组成的旅游综合执法模式，逐步实现联合执法向综合执法过渡，推动全域旅游依法治理，快速处理旅游市场中的各种问题，为游客提供安全、便捷的服务。①

3. 创新全域旅游宣传营销机制

旅游的宣传营销需要政府、企业共同参与，缺一不可。积极构建政府、企业协调配合、各有侧重的旅游宣传营销机制，进一步提升宣传营销实效。就政府而言，通过在羌历新年等重要节点举办系列文化旅游活动、积极参加大型旅游推介活动等方式，大力宣传北川旅游形象。就企业而言，不断丰富旅游产品，提升游客满意度，并加大广告投放力度，吸引更多的游客慕名而来。同时，无论是政府还是企业，应主动适应互联网发展形势，积极运用网站、微博、微信等新媒体开展宣传营销，拓展宣传的广度和深度。

---

① 朱华、董婷：《政府主导下社区参与的民族村寨旅游开发模式——以北川县擂鼓镇吉娜羌寨为例》，《西华大学学报》（哲学社会科学版）2011年第6期。

（二）优化环境，打造全景化旅游乡村

坚持按景区标准规划建设城乡，整体优化环境、美化景观，形成处处是景观，处处可以欣赏美、传播美的优美环境。

1. 高标准提升景区档次

坚持传统景区提档升级与全域旅游发展同向发力、双轮驱动，共促旅游繁荣发展。着力在景区联动上下功夫，打造各具特色、差异发展、带动力强的全域旅游线路。将北川羌城旅游区定位为开放景区，变"门票经济"为"产业经济"。2015 年，北川羌城旅游区顺利通过 5A 级旅游景区复检，并上榜"全国旅游价格信得过景区"，寻龙山景区成功晋升为 4A 级旅游景区，全县建成 1 个 5A 级、4 个 4A 级旅游景区，占绵阳市 4A 级以上景区的"半壁江山"。启动实施 20 万亩"西羌竹海"项目，大力打造禹穴沟景区，有序推进药王谷三期、亚圣水上娱乐及漂流等项目建设，"十三五"期间全县储备旅游重大项目 34 个，投资总额达到 46.17 亿元，项目建成后将极大地改善提升景区品质。[①]

2. 高水平统筹城乡建设

坚持以景区的理念规划全县，以景点的要求建设乡村，对城镇、村庄等各个细节都精雕细琢，用心打造处处皆美景的"大美羌城"。向美丽绵阳看齐，实施新县城"绿化美化亮化"工程，改造提升新县城入口等重要节点建（构）筑物景观，加快水上游乐项目、安昌河水景观、水幕电影、禹羌文化主题广场等项目建设，丰富旅游

---

① 赖俊：《全域旅游让"辖区"变"景区"》，《绵阳日报》2016 年 11 月 10 日。

元素。以新老县城黄金旅游线为重点，积极推进擂鼓、曲山、禹里、桂溪等小城镇建设，成功打造 2 个省级乡村旅游示范镇。大力实施美丽乡村工程，建成幸福美丽新村 72 个，乡村更美、环境更优。

3. 高质量完善配套设施

注重配套设施的全域提升，推动旅游节点连线成面。大力改造现有道路景观，促进道路景观化和交通旅游化。强化服务站点、生态停车场、旅游厕所、观景平台、游客集散中心、自驾车营地等旅游服务设施建设，推进旅游要素和服务全域覆盖。积极推动"智慧旅游"，建成"智慧旅游"综合指挥平台、A 级景区及星级酒店智慧旅游网站，开发景区专属手机 APP，通过微信等新媒体渠道，及时发布更新停车、门票、住宿等信息，方便游客错峰出行，提高游客满意度。

（三）调整产业结构，促进全产业融合

坚持产业互动，充分发挥"旅游+"的拉动、融合、催化、集成作用，使相关产业插上旅游翅膀，实现腾飞。

1. 旅游 + 精品农业

坚持精品农业与旅游产业发展良性互动、同频共振，近年来先后成功打造石椅羌寨、吉娜羌寨、伊纳羌寨等 10 个特色村寨，带动发展高山蔬菜、茶叶、马铃薯等精品农业基地 75 万亩。推进寻龙山养生基地、桂溪古坊村康养基地项目建设，打造以桂溪渭沟村、彭家村为代表的康养度假游，以擂鼓楠竹村、通口战斗村竹资源为代表的生态休闲游等精品线路。

2.旅游 + 通航产业

依托北川通用航空产业园的产业基础，找准旅游业与通航产业的结合点，策划展销、体验类的旅游产品，重点是积极发展通用航空低空旅游。

3.旅游 + 特色产品

丰富以禹羌文化、红色文化、抗震文化等为主题的文化产品，积极培育文博旅游、文化创意等文化产业，壮大骨干文化企业，推动文化旅游深度融合发展，先后开发12类30余种体验性特色歌舞、民俗活动等文旅融合产品以及水磨漆、羌绣、草编等1000余种文化创意旅游商品。例如西羌莫尼山庄打造集花卉观赏、康养度假、防震减灾体验等于一体的综合性旅游项目，有力推动文旅融合发展。

（四）促共享，全社会参与

发展全域旅游，根本上讲是要让全民共享旅游发展成果，真正实现旅游富民。

1.推动农房变客房

鼓励农民通过改扩建设施，积极创办农家乐增加收入。全县发展农家乐180家，其中星级农家乐32家，辐射带动1800多户5400余人受益，每年实现户均收入4万元以上。

2.推动产品变商品

鼓励引导农民将茶叶、猪肉、土鸡、水果等农特产品商品化，依托旅游景区、农家乐等游客集中区域精准营销，分享旅游发展带来的"红利"。2016年全县3260户贫困群众通过就地销售农特产品，户均增收近1000元。

3. 推动上山变上班

旅游业的兴起，带活了一批旅游企业，也为群众提供了一批就业岗位。目前，九皇山、药王谷等旅游项目建设长期用工4527人，其中贫困人口3168人，最低月工资为1200元，最高月工资达2800元。

近年来，北川依托丰富的旅游资源，顺应国内旅游发展形势，加快转变旅游发展方式，通过推动"景区旅游"向"全域旅游"转变，打造国内知名的羌文化特色旅游目的地，鼓励农民以土地、资金等方式入股，积极开办特色农家乐、营销特色农产品，累计带动1813户、5440人在家门口吃上旅游饭、迈上致富路，全县直接从事旅游业人数达到28751人，有力助推了脱贫攻坚进程。[①]

第二节　财政精准扶贫加快脱贫速度

北川县提出到2015年底，全县扶贫小额信贷规模力争达到360万元，专项扶贫资金18万元用于扶贫小额信贷贴息；2016~2020年每年力争信贷规模达到300万元。

---

① 张立艺：《吸引人才回流发展农村经济的途径》，《中国城市经济》2011年7月25日。

贷款对象为有劳动能力、有贷款意愿、有良好信用、有就业创业潜质的建档立卡贫困户。贷款主要用于发展家庭种养业、家庭简单加工业、家庭旅游业及购置小型农机具等创收项目。对符合贷款条件的建档立卡贫困户提供 5 万元（含）以下、期限在 3 年以内的贷款；贷款利率在金融机构执行基准利率基础上适当优惠。

与承贷金融机构开展合作，创新针对建档立卡贫困户的金融服务，实现金融扶贫效益明显。以建档立卡贫困户为目标，通过公开评级授信、公开贷款服务，加大信贷支持力度，严格信贷风险管理，努力构建扶贫特惠金融服务新机制。

一 "金融 +" 精准模式，助脱贫攻坚加速度

人行北川支行积极探索 "金融 +" 精准模式，创新金融产品和服务，夯实金融基础设施建设，开展金融党建深度融合，为支持北川脱贫攻坚安装 "推进器"，跑出 "加速度"。

（一）扶贫再贷款 + 特色产业带动 + 增收四通道

人行北川支行积极引导涉农银行业金融机构发放农村特色产业优惠贷款，为踏实肯干想脱贫又无资金支持的农户和想带动村民共同致富的能人大户、农业企业送去 "清泉活水"，着力构建脱贫攻坚增收 "四通道"，即就业增收通道、销售增收通道、资产增收通道、产业增收通道。截至 2017 年 2 月，北川农村信用社向 12 户企业发放农村特色产业优惠贷款 9870 万元，带动 70 多户建档立卡贫困户创业增收。

北川神侬农业科技发展有限公司是一家从事农业产业发展的市级农业龙头企业，生产过程中享受到人民银行倡导的"扶贫再贷款+特色产业带动+增收四通道"金融优惠政策，获得农村特色产业利率优惠贷款3470万元。该公司通过租用流转土地、农户务工、免费送种、优惠菌种价格等方式，拓展出"一易二高三收益"（老百姓容易掌握，科技含量高、经济附加值高，土地出租收益、务工收益、分红收益）发展模式助力贫困户脱贫。通过上述途径，2016年北川神侬农业科技发展有限公司让利农户34万元，带动贫困农户增收。公司自身也有了较快发展，2016年末总资产6491万元，年销售收入达1200余万元，年利润700余万元。

（二）扶贫再贷款+扶贫小额信贷+家庭"四小"

"5万元以下、3年期以内、免抵押免担保、基准利率放贷、全额贴息、县级建立风险补偿金"——为建档立卡贫困户量身定制的小额贷款瞄准了贫困户发展生产的薄弱环节，人行北川支行以此为切入点，通过财政与金融对接、产品与规划对接、系统与外部对接等措施，在绵阳市内落地了第一家小额扶贫信贷，精准支持建档立卡贫困户发展家庭"四小"，即家庭养殖、家庭种植、家庭作坊和家庭旅游业。截至2017年2月，对北川两家地方法人金融机构发放扶贫再贷款8930万元，引导其支持3185户建档立卡贫困户获得扶贫小额信贷12409万元。

北川县安昌镇建国村建档立卡贫困户陈才金，2013年因交通事故失去右臂，无法外出打工，49岁的他想利用房前屋后的坡林发展养殖，但缺乏资金。通过人行北川支行牵线搭桥，陈才金在 2016 年 9 月 5 日举办的北川县金融精准支持脱贫攻坚银企对接会上，与北川富民村镇银行签订《小额扶贫信用借款合同》，9 月 6 日就拿到 3 万元扶贫信用贷款，并购买了 100 余只鸡鸭、两头肉牛。2016 年，陈才金鸡鸭养殖实现收入 1000 余元，肉牛增值近 4000 元，他打算 2017 年再扩大鸡鸭养殖规模，增加 1 头肉牛。①

（三）金融基础服务＋扶贫惠农＋群体"造血"

农村支付结算环境的改善，使各种财政补贴资金、新农保、新农合资金、小额农贷迅速发放到贫困农户手中，农户补贴资金使用效率也明显提高，更好地落实了政府的惠民政策，帮助受益群体提升了"造血"功能。大幅提升集中连片贫困地区普惠金融基础服务水平，积极推动农村支付环境建设工程，引导金融机构推广线上服务渠道，形成网上线下畅通的便民金融结算渠道。截至 2017 年 2 月，北川乡镇及以下银行机构网点 64 个，发展助农取款服务点 197 个，布放 ATM 122 台，POS 机 1157 台，电话 POS 机 1490 个，有效促进了农村支付环境的改善。

福田村和裕清村地处北川安昌镇东部，紧邻安州区黄土镇，村民外出的主要交通工具是摩托车和面包车，广大农户的金融需求得不到满足。为给两村老百姓提供更加优质、安全的基础金融服务，人行北川支行和北川农村

---

① 陈岩：《"贫困户"是如何变为"农场主"的》，《四川日报》2017 年 4 月 6 日。

信用联社联合规划选址定方案，在两村交通要道交会处安装设立了自助银亭。该银亭具有存取款、小额贷款、小额还贷、无卡存取、跨行转账、IC 卡圈存、电卡充值等功能。截至 2017 年 2 月，该银亭共交易 2848 笔，交易金额 319.38 万元，日均交易 18.88 笔，极大地便利了两村农户。

（四）金融党建 + 深度融合 + 乡镇全域旅游

人行北川支行在探索金融精准扶贫模式的道路上，充分发挥党员干部的担当精神和先锋模范作用，以基层党建深度融合为平台，2016 年 5 月组织发起"北川银政企党建融合签约仪式暨金融扶贫推进会"，与桂溪镇党委、北川联社党委签订了《基层党建深度融合共建合作协议》，明确三方共建责任，建立联席会议机制，在桂溪镇率先形成"金融党建 + 深度融合 + 乡镇全域旅游 + 群众脱贫奔康"模式，把金融扶贫政策、涉农机构金融产品和优质服务，实实在在地对接到推进农旅、文旅融合发展，打造该镇全域旅游产业链，带动群众脱贫奔康上。截至 2016 年末，桂溪镇新增休闲农家 16 户，3 大景点旅游收入 6000 余万元，带动周边 27 户贫困户摆脱贫穷困境。

二 工商银行绵阳分行多措并举，支持北川扶贫攻坚工作

2016 年以来，中国工商银行绵阳分行在结对帮扶北川扶贫攻坚工作中，始终坚持产业扶贫、普惠金融、教育扶贫、定点帮扶多措并举与精准施策，切实践行国有金融

企业分支机构支持扶贫攻坚的经济、政治、社会"三个责任"，有力有效支持北川扶贫攻坚纵深推进。

（一）抓实产业扶贫，切实加大信贷投放

工商银行绵阳分行紧密结合北川产业发展和县域实际，坚持把产业发展政策与信贷行业政策有机结合，把重点产业发展与信贷投放重点有机结合，持续加大信贷投放力度。一是围绕北川发展旅游产业的实际，为打造北川重点旅游产业项目药王谷景区一次性投放贷款7800万元。二是围绕北川发展新型农业产业的实际，完成向北川重点农业企业——北川维斯特农业科技集团有限公司融资支持1.44亿元。三是围绕北川石材产业发展实际，完成向北川石材产业园投放贷款支持1.1亿元。四是围绕北川战略性新兴产业发展，累计向北川重点发展的中小微企业投放信贷支持7000余万元。2016年1~9月，该行在北川新投放贷款较上年同期增长2624万元，实现9月末该行各项贷款较年初净增1320万元，同比增长8.22%，高于2016年该行贷款平均增速4.78个百分点。

（二）提升金融服务，大力发展普惠金融

绵阳分行把切实加强和提升金融服务保障能力作为基础性工作，充分发挥创新服务的优势和条件，持续加大在北川的服务投入，着力推动普惠金融服务加快发展。一是拓展服务渠道，对在北川的两个营业网点实施功能优化，增加各类自助和智能终端机具5台（套），共计布放POS

机和 ATM 244 台（套）。二是加大民生金融服务力度，新发放居民社保卡 2 万余张，直接服务北川城乡居民总数超过 6 万人。三是加快发展互联网金融，新拓展二维码支付特约商户 181 家，实现消费支付形态互联网化。四是充分发挥电商平台作用，切实融入北川千亿元电商产业发展战略，积极利用工商银行融 e 购电子商务平台，加强与全县优质食品企业和旅游单位的合作，积极帮助实现上线宣传和销售，2016 年前 9 个月促成羌山雀舌、禹露茶叶、丘处鸡、羌妹子、禹羌绿宝合作社、安福魔芋等成功上线开店，实现 B2C 交易额 17061 元、B2B 交易额 336 万元。五是持续加强住房金融服务，2016 年前 9 个月该行累计发放个人住房按揭贷款 1700 万元，较上年同期多投放 630 万元，帮助北川近百户家庭圆了“安居住房梦”。

（三）坚持教育先行，全面深化教育扶贫

绵阳分行切实针对贫困山区因学致贫的实际情况，切实坚持“扶贫先扶志、扶贫必扶智”工作导向，先后深入北川 5 个乡村学校，资助贫困学生 83 人，帮助 83 户特困家庭解决子女学习生活困难。一是情系山里娃，将他们领出大山看世界。2016 年 4 月中旬，该行联合北川羌族自治县团委开展“山里娃看世界”活动，组织带领居住在北什乡大山深处的 16 名贫困学生走出大山体验和收获其人生诸多的“第一次”，帮助大山孩子开阔眼界、增长见识、黾勉心志。二是共圆童心梦，走进大山庆“六一”。在今年“六一”国际儿童节来临之际，该行积极开展“情系贫

困学子，关爱留守儿童"捐资助学主题活动，先后深入北川县安昌镇幸福小学、北川县青片乡小学等学校，向在校儿童送上节日祝福，奉上工行爱心。整个活动期间，该行累计捐赠爱心书籍300余册、体育用品200余件（个）、学习用具100余件（套），同时与在校留守儿童开展互动游戏100余人次，联动新华文轩绵阳书城讲读童话故事。三是欢乐暑期行，深山孩子放眼界。今年7月上旬，该行开展以"七彩暑期·欢乐童年"为主题第二期"山里娃看世界"活动，带领北川羌族自治县马槽乡10名大山里的娃娃走出大山、放眼世界。四是走进香泉乡，爱心书桌进大山。7月中旬，该行联合北川团县委，为北川香泉乡小学10名贫困孩子开展了"爱心书桌"捐赠活动，为山区贫困孩子进一步提供良好学习条件。五是爱注定点村，金秋助学进山村。北川安昌镇建国村是该行定点扶贫村。9月中旬，该行在安昌镇幸福小学开展"金秋助学·爱心陪伴"主题捐助活动，采取认选资助和统一捐助两种方式对该校14名贫困学生提供学习生活资助，进一步将教育扶贫工作落到实处。

（四）抓细定点扶贫，切实推进精准扶贫

绵阳分行2016年以来定点帮扶北川安昌镇建国村，主要负责同志及扶贫工作领导小组办公室人员多次深入定点扶贫村开展工作调研，全面调研掌握该村重点项目情况。一是针对5户建档立卡贫困家庭，定期开展"五个一"慰问帮扶活动，帮助5户家庭实现外出务工3户4人，前9个月实现2户家庭提前脱贫。二是深化定点帮扶，在4、5月份深入特困家庭开展"助力春耕、播种希望"扶贫行动，在"七一"节前夕开展看望慰问该村贫困老党员活动，在建国村大学新生入学前夕开展结对助学帮扶行动。三是加强基础建设，为建国村村委会提供了电脑及打印设备，开通了网络通信，实现村委会与外界互联互通，同时就建国村杨家桥危桥改造、堰塘整改等项目积极向上争取资金支持。

第三节　精准扶贫精准脱贫插上科技翅膀

紫霞村中青年农民大多外出打工，贫困户中年龄较大的独人户占比较大，新型农业实用技术推广难度大，从而阻碍了当地农业生产水平的提高；同时，群众认识、政府宣传和资金投入等方面的不足，使脱贫难度加大。在各级党委政府的支持下，紫霞村战胜一系列困难，化压力为动力，定期开展"精准培训"，以推动"精准扶贫"，全面落实精准扶贫精准脱贫方略，开拓经济社会发展的广阔空间。精准培训坚持政府主导，以市场需求为导向，以就业扶贫为抓手，依托紫霞村现有产业和资源，注重增强贫困对象的自我发展能力，综合考量贫困对象的年龄、文化水平、技能、经历等因素，采取灵活多样的形式，分类施策，因人因地施策，精准办班，力争通过精准培训使贫困对象掌握一技之长，拓宽就业创业渠道，实现贫困户脱贫摘帽，全村脱贫。

针对农民群众劳动技能单一、就业渠道狭窄、以劳务输出为主、农村劳动力缺乏的实际情况，紫霞村认真落实国家和省县各项就业扶持政策，积极争取项目、资金和技术支持，加大对农民劳动技能的培训力度。一是进行香妃枣种植培训，提高农民专业技能。紫霞村的自然环境比较湿润，土壤以中山坡积黄壤为主，疏松肥沃，保水保肥性能较好，宜种度较广，因日照时间长，阳光充足，生态良好，温差大，非常适合发展香妃枣及高山蔬菜种植。二是进行农户养殖技术培训，为建设社会主义新农村提供坚强的人才保障。紫霞村地形开阔，土质较好，面积适宜，交通方便，水源充足，自然条件和社会条件非常适合发展特色养殖业。三是定期组织旅游服务从业人员接待能力培训，突出针对性和实用性，通过理论讲解和实际操作，着力提升从业人员的素质和业务水平。紫霞村干净整洁无污染，空气质量好，环境优美，是人民远离喧嚣、释放压力的好地方，集中培训的开展，促进了紫霞村旅游产业发展。

第四节　扶贫基金助力精准脱贫

2016 年四川省逐步设立教育扶贫救助基金、卫生扶贫救助基金、扶贫小额信贷风险基金和贫困村产业扶持基金。教育和卫生两项救助基金在县级设立，涵盖全省有扶贫任务的 160 个县（市、区），每个基金规模大致为 300 万元，救助标准根据贫困家庭实际困难状况和基金支付能力酌情确定。以兴文县为例，按照幼儿园、小学、初中、普高或中职、本专科来划分，以每人每年 500 ~ 2000 元不等的标准进行补助。扶贫小额信贷风险基金也设在县级，由县级财政出资、上级财政补贴，当金融机构向贫困户发放的贷款发生违约时，基金参与分担违约部分。通过这种方式，鼓励金融机构向贫困户无抵押放贷。贫困村产业扶持基金则设置在村级，基金规模为 30 万元左右。有的县根据自身财力加大配套力度，比如兴文县每个贫困村的基金规模就在 50 万 ~70 万元。基金由村两委管理，向贫困户发放 2 万元以内的无息、无抵押借款，主要用于支持贫困户或村集体经济组织发展种植业、养殖业、农村电商、农旅结合等产业业态，以持续带动贫困农户增收。

2017 年 5 月 9 日，四川省财政厅等部门印发教育扶贫救助基金、卫生扶贫救助基金、扶贫小额信贷风险基金、贫困村产业扶持基金等四项扶贫基金的使用管理办法，进一步明确了基金筹集、救助范围、救助程序、监督考核等细则，使四项扶贫基金运行更规范、高效，并建立补充机制，以保持合理的基金规模，使其持续发挥脱贫攻坚的"造血功能"。以《贫困村产业扶持基金使用管理办法》为例，该办法规定，借款对象为贫困村的建档立卡贫困户；支持方式是为贫困户发展产业提供无息借款；贫困户借款期限原则上不超过 3 年；借款额度原则上每户不高于 1 万元，具体由各贫困村根据实际情况自行确定。该办法还规定，产业基金只能用于贫困户或贫困村集体经济组织发展种植业、养殖业、农村电商、农旅结合、农产品加工等产业业态，不得直接补助给贫困户或发放村干部补贴、弥补村级公用经费等。

北川羌族自治县高度重视扶贫资金监督管理，严守扶贫资金管理使用程序，确保扶贫资金安全使用、规范运作、有效运行，提高资金扶贫效益。具体措施如下：实施扶贫小额信贷。承贷银行与政府签订协议，按照 1：10 的比例投放贷款，探索构建"政银互动、信用支撑、精准放贷、风险控制、成本分担"工作模式。目前，建立扶贫小额信贷风险基金注资达 1923 万元。授信 4244 户，共计 15267.6 万元；发放 3272 户，共计 11901.05 万元，惠及贫困人口 10796 人。建立贫困村产业扶持基金。全县 93 个贫困村实现基金账户设立全覆盖，统筹整合各类产业扶持基金达 3397.4336 万元。严格基金管理，严把评定关、严控审核关，用好扶持基金。已发放 1089 万元，惠及贫困人口 4313 人。建立卫生和教育扶贫救助基金。在省级财政安排 50 万元的基础上，北川县本级财政安排 250 万元，分别用于壮大县级卫生扶贫救助基金及教育扶贫救助基金。截至目前，卫生扶贫救助基金共救助 2143 人次，共计 153.68 万元；收到教育扶贫救助基金救助申请 2 人、发放 2 人，共计 4000 元。

通过扶贫基金来加快贫困地区产业升级。加快脱贫在全国多地有先进的经验。例如宜宾市兴文县五星镇大同村村民王宜祥借力四川省推行的四项扶贫基金，成功实现从"贫困户"向"农场主"的转变。四项扶贫基金是四川省在脱贫攻坚一线的探索，目前已经推行至全省所有贫困村。2012年，王宜祥的父母先后病逝，4个孩子有两个考上了大学，一个上了高中，年收入不到2万元的王宜祥一家，当时背上9万多元债务，虽然王宜祥脱贫致富的意愿非常强，希望和村里其他人一样搞养殖业，但苦于缺资金，只有继续打零工和务农勉强维持生计，四项扶贫基金恰恰是针对这一类贫困户设立的。王宜祥从村里的贫困村产业扶持基金贷款2万元，利用扶贫小额信贷贷了5万元。"有了这7万块钱，就可以开始养牛了。"王宜祥将大部分资金用于修建牛棚、猪圈，剩余留作日常养殖花销。然后他从村里的连天山生态肉牛养殖专业合作社借了13头牛，饲养一年后卖给合作社，其中的重量差就是王宜祥的收益。还有不到3个月，王宜祥的牛就要出栏了。按照当前行情，每头牛的收益应超过5000元。他还有110只鸡、11头猪，全年收入将超过10万元。"前两年啥都没有，现在感觉自己成了个'农场主'。打算拿5万元先还一部分债，剩下的再投进去多养几头牛。"王宜祥打算扩大养殖规模，按照其牛棚承载能力，扩到40头，"明年这个时候40头牛出栏，不仅以前的债都能还清，借的7万块启动资金也能还清，自己还能剩几万块。"

通过风险基金和产业扶持基金，王宜祥贷到款，完成了从"贫困户"到"农场主"的转变。另外两项救助金也在发挥作用。王宜祥有4个子女，每年收到8000多元的教育扶贫补助金。卫生扶贫救助基金也解决了他因病返贫的忧虑。王宜祥坦言，如果没有解决这两个后顾之忧，即使给他机会，他也不敢借钱。四项扶贫基金发挥作用的程度并不一致。有的村小额信贷放贷量和产业扶持基金发放量较大，受益贫困户较多，扶贫效果良好；有的村则量小。效果较好的村，往往有支柱产业和专业合作社，为贫困户提供技术支持和销售渠道，使贫困户有信心发展好产业，敢于借钱创业。该村的连天山生态肉牛养殖专业合作社对肉牛进行统销统购，并负责良种培育，技术指导。王宜祥即便从未从事过养牛业，但有合作社的帮助，能降低风险预期，使他敢于贷款。使王宜祥受益的连天山生态肉牛养殖专业合作社，就是财政支农资产收益扶贫试点的成果。该合作社利用财政支农资金建立，不仅承担了技术辅导、统销统购的任务，合作社的股权也都量化给贫困户，颁发股权证。每年年底，贫困户按照股权享受分红。①

　　四项扶贫基金从设计到落实，都更加人性化、更加精细化，激发了贫困地区的内生动力，调动了贫困人口的积极性，引导他们树立"宁愿苦干，不愿苦熬"的观念，坚信幸福不会从天降，要靠勤劳双手改变贫困落后面貌。

---

① 陈岩:《"贫困户"是如何变为"农场主"的》,《四川日报》2017 年 4 月 6 日。

第五章

紫霞村精准扶贫情况分析及
对策建议

第一节　全力提升精准扶贫管理机制

　　脱贫攻坚贵在精准，对贫困的识别工作关系扶贫的成败。根据紫霞村的实际调研情况，紫霞村当前开展的精准扶贫工作落到实处，做到把扶贫各类资源投入真正的贫困群众。但是在精准扶贫精准脱贫工作中，对贫困群众的界定仍然需要进一步讨论来加以明确。[①] 例如 2015 年，国家将农民年人均纯收入 2800 元认定为扶贫标准线，但是农民的真实收入却难以计算，情况五花八门。为避免行政一刀切和"撒胡椒面"的分配方式，需要通过科学合理的方

---

　　① 王震:《南姚家庄村调查：村域经济视角下的农民收入与支出》，中国社会科学出版社，2011。

式加以界定，可以通过以下两种方法来建立科学合理的扶贫界定机制。

一 建立动态的扶贫层级管理机制

建立省、市、县联动的扶贫管理机制，对贫困户的界定进行规划。通过实地调研对各地贫困成因和自身造血能力情况加以区分，给予一线扶贫人员一定的自主权力，对贫困户的实际生活情况进行判别而非单纯衡量收入水平等数量化指标。综合考虑家庭劳动力情况、受教育程度等来确定帮扶方案。在管控上，上级部门通过审核的方式加以监督，以公开透明的方式，实现贫困户、村委会、扶贫干部的联动，动态划定贫困标准。

二 采用科技手段，指导扶贫工作中各类信息采集录入工作

目前来看，扶贫干部填报各类相关表格占据了大量的工作时间，在一定程度上影响了扶贫工作的开展，建设符合信息公开原则、能够动态调整已有数据、方便录入的信息化扶贫系统势在必行。建设扶贫信息系统是保证扶贫工作精准开展，各项信息公开透明的基础性信息工程，有助于国家掌握基层扶贫数据。目前中国各个贫困地区的信息网络基础设施完备，已经具备建立统一的扶贫系统的条件，应当尽快完善信息采集录入系统。

第二节　发展壮大集体经济，促进农村产业升级

　　农村集体经济是指生产资料归集体所有，分配上实现按劳分配与按生产要素分配，是中国特色的社会主义公有制经济在中国农村的具体实践。农村集体经济是中国经济的重要组成部分，自改革开放以来农村经济逐步转变为以家庭联产承包责任制为主体。家庭联产承包制度极大地促进了农民生产的积极性，创造了巨大的财富。与此同时，农村集体经济有淡出人们视线的趋势，很多地区农村集体经济逐步萎缩。

　　而在当前农村进一步发展的问题上，农村集体经济建设得好不好，关系农民的切身利益，中国进入精准扶贫精准脱贫的攻坚阶段，尚未脱贫或者刚刚脱贫的地区是扶贫脱贫工作的硬石头，这些地区往往存在着资源禀赋差，区位偏远，交通不便等不利于经济发展的问题，这些贫困地区开发难度大、投入高，并且当地居民文化水平低，信息闭塞，基础设施薄弱，还面临着劳动力外流严重等严峻问题。

　　这些扶贫地区处于深山或者自然保护区内，外部社会资金不愿意投入这些地区的产业化发展，如何在各类资金力量不足的情况下，充分发挥农村集体经济的力量，因地制宜结合当地实际来对广大落后贫困地区发展产业是一条可行道路。发展农村集体经济可以充分带动贫困地区人口就业，促进农民增收。农村集体经济不同于一般的企业，集体经营劳动的方式同当地居民有着天然的联系，在公平

与效率、经济发展与扶贫脱贫关系的处理上有着良好的微观处理方式。发展壮大贫困地区农村集体经济，对提高农村经济总量，增加农民收入有不可估量的作用。

在本次调研过程中，课题组在紫霞村和其他川西南贫困地区，发现了大量灵活的农村集体经济发展方式，例如，通过当地政府搭建平台，实现政企合作，外部资金与农村集体资金相互结合的牡丹园、猕猴桃种植等项目，促进了当地农业生产规模化、现代化和集约化，有效整合了农业生产的分散要素，增强了贫困地区农村发展的内生动力。通过较大规模的农业生产项目和一定程度上的向贫困户、贫困地区倾斜的要素分配机制，精准扶贫精准脱贫获取持续不断的资金支持。

促进当地经济水平提升，进一步发展农村集体经济，课题组认为从顶层设计上，应当采用两种措施来提供保障。首先进一步通过法律制度来规范农村集体经济的法人地位、所有权制度体系，建立规范化的企业内部管理机制，坚决维护土地等生产资料归集体所有的村民合法权益，为农村集体经济的规范化运行提供有力的制度性保障。充分发挥农村党支部的统领作用，切实保障农村村民委员会的民主选举顺利运行，对农村集体经济的法人和村民委员会的职能权限做出规范，对农村集体经济的各类直接经营活动的决策和出租转让等其他方式的间接经营建立现代化的企业管理制度。保障农村集体经济持续稳定健康发展。①

---

① 李群：《多种创新助力精准扶贫》，《人民日报》（海外版）2016年8月16日。

其次，在具体的经营措施上，要根据当地的实际情况盘活土地资源，结合当地气候、土壤等地理环境发挥当地特色优势产业，利用集体经济力量大，村民参与度高等特点，对优势产业实现上下贯通，重点安排家庭中缺乏劳动力、经济困难、缺乏技术的贫困户来参与集体经营和生产，对部分丧失劳动力的贫困户可以通过扶贫入股的方式来共享农村集体经济的发展成果。

农村集体经济是社会主义的重要特色，在精准扶贫中的作用已经逐渐显现，是有力保障生态文明、促进新农村建设的有力组织形式。农村集体经济发展需要学术界的关注和各级政府的支持。

第三节　培育农村产业经营，发挥金融帮扶作用

农村金融扶贫是一种通过市场化激励手段，助力贫困农户发挥自身主观能动性脱贫致富的方式。为贯彻国家创新发展小额信贷的指导意见的精神，北川县于 2015 年设计了科学合理的贷款发放原则，规定有劳动能力、信用良好的贫困户在进行农业生产、简单加工、小型农机等创收项目上可以享受 5 万元以下的三年低息贷款。随着一系列相关政策的出台，目前农村信贷环境大幅度好转，贷款资金不足，各类监管标准的阻碍等问题逐步得到解决。金融

扶贫已经在紫霞村村民的住改、产业升级等方面发挥了显著作用。为了进一步促进脱贫村产业升级，需要促进金融工具创新。但是金融扶贫也存在相关部门与人员对农村实际贫困情况不了解，金融扶贫定位不准、管理不规范、申请可读烦琐的问题。

促进贫困地区产业规模化经营发展，离不开金融的支持，各种类别的农村小额信贷服务，农村产业扶持贷款，促进了产业联动，带动了贫困地区农民增收。精准扶贫帮贫过程中，资金投入的精准性是扶贫的关键，首先在资金投入的项目选择上，金融服务提供者需要同当地扶贫干部进行密切沟通，参与到当地扶贫脱贫项目设计上来，寻找当地精品优势项目进行开发，避免产业扎堆从而影响项目收益。金融机构可以在项目设计上发挥贫困地区的咨询作用，通过金融机构对当地多个产业发展的情况进行把握，挖掘未来产业增长点，特别是针对连片贫困地区如何建立产业链条进行整体设计。

金融扶贫的另一重要作用是加快农村集体经济向现代企业化管理转型。现代金融工具加入农村集体经营过程中，本身就是对农村集体经济的法人主体、经营者的主要责任、集体经济实体和村委会关系的全面梳理、细化和提升。金融扶贫的进一步开展，必须建立在精准识别基础上。这不仅体现在对贫困地区、贫困户的精准识别，也体现在对整个金融帮扶的过程中。保证金融扶贫的精准性，需要通过以贫困户建档立卡资料为核心的便捷化服务程序，结合村委会、村民等多方组成的信贷评估小组来对申请金融服务的贫困户进行快捷审核。在金融扶贫过程中发挥党领导的村两委作用，保证金融服务在阳光透明的环境下运行。

第四节　加强树立科学医疗观念，完善医疗扶贫机制

全面了解紫霞村贫困人群的医疗和养老情况是本次调研主要目的之一。课题组在调研过程中发现，紫霞村村民医疗保险、劳动保障，仍然是扶贫工作的突出问题。从贫困发生原因看，相当部分人口是因病致贫或因病返贫的。老龄化是中国面临的重大问题，这种现象在存在大量留守老人的贫困地区更加突出。在本次调查中，相对于其他各类扶贫问题，贫困户对未来养老的信心较低。必须加大财政投入，建立健全医疗保险和医疗救助制度，提高老弱人群在扶贫工作中的获得感和幸福感。

贫困地区必须通过新的体制机制建设，建立多元化的养老方式，特别是针对规模小、劳动力不足且选择家庭养老的贫困家庭，要保证其仍然有足够的劳动力完成自身持续造血，并给予及时有效救助。

在本次贫困地区医疗状况调查中，加强疾病预防和各类疾病知识的科学普及是目前医疗扶贫的重点，有大量的

村民在患病期间由于经济等因素，不重视疾病的防治，同时由于知识匮乏、渠道有限，患病不就医情况普遍存在。提升贫困地区的医疗观念、拓展医疗服务获取渠道是提高贫困地区居民生活质量的必要措施。

第五节　关注贫困地区老弱人群，积极应对农村空心化问题

根据中国社会科学院对城市发展规律的总结，中国正处于城镇化的关键时期，贫困地区顺利实现摘帽，步入收入稳定增长行列，是中国城镇化顺利进行的重要前提条件，农村精准扶贫体制机制不完善可能导致新型城镇化建设的速度下降。

中国举世瞩目的现代化成就是同城镇化相伴而生的，其中一个结果是中国农村的空心化，具体表现在农村的年龄结构呈现出未成年人和中老年人较多，青壮年较少的特点。青壮年劳动力不足是目前阻碍贫困地区脱贫的重要问题之一，也是导致中国城乡二元化结构的重要原因。

城镇化是现代化发展的必由之路，显然，扶贫工作不能以阻碍城镇化发展为代价，城镇化也不能以加剧中国二元结构和扶贫难度为代价，解决城镇化和精准扶贫这两个问题，必须通过新型绿色城镇化发展方式统筹解决。

很多贫困地区如旅游资源、文化资源、高端农产品等资源禀赋充足，但是市场化程度低，优质资源无法转化为经济效益，应广泛开展城乡统筹的分销物流体系建设，加快各类基础设施建设。充分发挥当地政府的协调作用，引导附近城镇居民消费升级，加快贫困地区各类扶贫产业培育，把农村精准扶贫和城镇化统筹推进。[1]

城镇化的实质是农村居民的生产生活方式的转变，加快贫困地区龙头产业、突出优势产业发展，带动一条产业链整体进步是加快农村人口向城镇人口转移的重要方式。对于特别贫困地区的整体搬迁和相应的技能培训等措施，也是促进城镇化发展，让人民共享发展成果、全面建设小康社会举措之一。[2]

① 李群、王宾、曾诚:《中国西部地区经济社会跨越式发展路径选择》，中国社会科学出版社，2015。
② 杨琛、王宾、李群:《国家治理体系和治理能力现代化的指标体系构建》，《长白学刊》2016 年第 2 期。

附　录

附录一　香泉乡精准扶贫数据统计表（2016 年 11 月）

序号	行政村	2014 年建卡		2015 年								2015 年未脱贫		2016 年脱贫		2016 年未脱贫		"五个一批"工程			预脱贫时限（年）	2015 年人均纯收入（元）	备注
				清退		新增		复核结果		脱贫								生产和就业（人）	低保兜底（人）	医疗救助（人）			
		户数	人数	户数	人数	户数	人数	户数	人数	户数	人数	户数	人数	户数	人数	户数	人数						
1	龙凤	13	41																		2014	8341	
2	香泉	18	66																		2014	11781	
3	流溪	49	185	3	23			46	162	38	134	8	28			8	28	95	16	40	2017	7881	
6	紫山	24	81		1	1	3	25	83	20	69	5	14			5	14	31	27	40	2017	11546	
7	紫霞	22	73	1	8		1	21	66			21	66	21	66	0	0	30	13	29	2016	8379	
8	云林	8	13	2	5			6	8			6	8	6	8	0	0	6	0	3	2016	9505	
9	黄江	5	15	1	1			4	14			4	14	4	14	0	0	8	0	1	2016	29976	
4	太平	27	91	3	13			24	78			24	78			24	78	28	7	36	2017	8371	
5	光明	31	124	3	16			28	108			28	108	1	6	27	102	55	13	35	2017	8729	
10	水洞	27	75	6	20			21	55			21	55	7	14	14	41	35	3	13	2017	11254	
11	兴隆	34	92	2	9		1	32	84			32	84	12	27	20	57	48	8	14	2017	9691	
12	敏东	20	75	8	26			12	49			12	49	5	20	7	29	36	4	1	2017	9814	
合计		278	931	29	122	1	5	219	707	58	203	161	504	56	155	105	349	372	91	212		10317	

附录二 紫霞村贫困户帮扶方案（2016年）[*]

（一）香泉乡紫霞村贫困户彭文斌脱贫帮扶方案

家庭情况	户主：彭文斌，78岁，患气管炎，需长期吃药，无收入来源 妻子：李晨，73岁，患高血压病、支气管炎等慢性病长期服药，已买社保
致贫原因	两人无劳动能力，慢性病需长期吃药，无收入来源，因病致贫
享受"五个一批"情况	彭文斌、李晨两人享受医疗救助扶持
帮扶人情况	姓名：罗春梅；单位：香泉乡人民政府
帮扶措施	1. 申请医疗救助 2. 结合其自身条件，给予适当经济支持，适当发展种养业 3. 实施"五改三建"，改造厨房、厕所，硬化院落，改善居住环境 4. 提供公益性岗位
家庭脱贫计划	1. 申请医疗救助，减少因慢性疾病造成的医疗支出 2. 适当发展种养业，栽种枣树2.5亩、芋头2.4亩、猕猴桃4亩 3. 实施"五改三建"，改造厨房、厕所，硬化院落，改善居住环境 4. 提供公益性岗位
收入概算	1. 申请医疗救助，使开支减少 2. 种植芋头2.4亩，政府补贴1200元，卖芋头得800元 3. 种植枣树2.5亩，预计收入500元 4. 种植猕猴桃4亩，预计收入1500元 5. 提供公益性岗位（村上环卫工），收入4400元

（二）香泉乡紫霞村贫困户张再发脱贫帮扶方案

家庭情况	户主：张再发，60岁，在广州打工，肢体四级残疾 配偶：龙方，53岁，患支气管炎、骨质增生、腰椎间盘突出 儿子：张州，31岁，在外务工 儿子：张东，28岁，做了上门女婿 儿媳：刘林，29岁，在家务农 孙子：张国恒，3岁，读书 孙子：张家岽，3岁，读书

---

[*] 以下贫困户家庭成员均使用化名。

致贫原因	3 人患有气管炎等慢性病，收入低，两个孙子也患有疝气，经常住院
享受"五个一批"情况	张再发、龙方、张州享受医疗救助扶持；刘林、龙方、张东享受产业就业发展扶持
帮扶人情况	姓名：杨永平；单位：村支书
帮扶措施	1. 申请医疗救助 2. 结合其自身条件，给予适当经济支持，适当发展种养业 3. 实施"五改三建"，改造厨房、厕所，硬化院落，改善居住环境
家庭脱贫计划	1. 申请医疗救助，减少因慢性疾病造成的医疗支出 2. 适当发展种养业，种植香妃枣、芋子 3. 实施"五改三建"，改造厨房、厕所，硬化院落，改善居住环境
收入概算	1. 申请医疗救助，使开支减少 2. 适当发展种养业，种植香枣树 3.96 亩，收入 1000 元；芋子 4 亩，政府补助 2000 元，收入 1000 元 3. 外出务工年收入 20000 元

（三）香泉乡紫霞村贫困户李燕脱贫帮扶方案

家庭情况	户主：李燕，55 岁，常年不在家，无法联系 母亲：白薇，83 岁，患有气管炎
致贫原因	白薇患有慢性病常年吃药，李燕外出后失联
享受"五个一批"情况	白薇享受医疗救助扶持；李燕享受产业就业发展扶持；李燕、白薇享受低保政策兜底
帮扶人情况	姓名：黄媛媛；单位：县委办
帮扶措施	1. 申请医疗救助 2. 结合其自身条件，给予适当经济支持，适当发展种养业 3. 实施"五改三建"，改造厨房、厕所，硬化院落，改善居住环境 4. 根据政策民主评议纳入低保
家庭脱贫计划	1. 申请医疗救助，减少因慢性疾病造成的医疗支出 2. 适当发展种养业，种植香妃枣、芋子 3. 实施"五改三建"，改造厨房、厕所，硬化院落，改善居住环境 4. 享受低保政策
收入概算	1. 申请医疗救助，使开支减少 2. 适当发展种养业，种植香枣树 0.5 亩，收入 200 元 3. 低保每月收入 204 元，年收入 2448 元 4. 新农保每月 75 元，年收入 900 元

（四）香泉乡紫霞村贫困户刘军脱贫帮扶方案

家庭情况	户主：刘军，24岁，在重庆务工 外祖母：邵水绵，70岁，高血压造成脑瘫，卧病在床 孩子：刘红珠，18岁，在北川中学读书
致贫原因	邵水绵患高血压病、脑血栓梗塞、风湿病等疾病，需长期服药；刘红珠上学尚无收入来源，导致人均收入低
享受"五个一批"情况	刘军享受产业就业扶持；邵水绵享受医疗救助扶持；刘军、邵水绵、刘红珠享受低保政策兜底
帮扶人情况	姓名：黄媛媛；单位：北川县委办
帮扶措施	1.申请医疗救助 2.结合自身条件，给予适当经济支持，适当发展种养业 3.实施"五改三建"，改造厨房、厕所，硬化院落，改善居住环境 4.低保政策兜底
家庭脱贫计划	1.申请医疗救助，减少因慢性疾病造成的医疗支出 2.适当发展种养业 3.实施"五改三建"，改造厨房、厕所，硬化院落，改善居住环境 4.提供公益性岗位
收入概算	1.申请医疗救助，使开支减少 2.种植香妃枣6.96亩，预计收入2000元；种植芋子2.5亩，补助1250元，收入1000元 3.低保收入3672元 4.务工收入15000元

（五）香泉乡紫霞村贫困户李惜福脱贫帮扶方案

家庭情况	户主：李惜福，64岁，患肾结石病 配偶：刘洁，61岁，骨质增生，腰椎间盘突出
致贫原因	两人无劳动能力，患慢性病长期吃药，2015年李惜福因肾结石入院
享受"五个一批"情况	李惜福、刘洁享受医疗救助扶持
帮扶人情况	姓名：杨永平；单位：村支书
帮扶措施	1.申请医疗救助 2.结合自身条件，给予适当经济支持，适当发展种养业 3.实施"五改三建"，改造厨房、厕所，硬化院落，改善居住环境
家庭脱贫计划	1.申请医疗救助，减少因慢性疾病造成的医疗支出 2.适当发展种养业，种植香妃枣、芋子 3.实施"五改三建"，改造厨房、厕所，硬化院落，改善居住环境 4.提供公益性岗位

收入概算	1. 申请医疗救助，使开支减少 2. 适当发展种养业，种植枣树 5 亩，收入 1000 元 3. 村内公益性岗位收入 3200 元 4. 新农保两人每月 150 元 5. 享受计生扶持 12800 元

附录三 访谈纪要

一 关于产业发展对紫霞村扶贫干部访谈

课题组：紫霞村耕地种植的是什么作物？

紫霞村扶贫干部：基本上是种植香妃枣，就是影视中的"香妃"，香妃枣是一个品种，通过我们的考察，结合紫霞村的情况，从罗江引进过来的，当地这个枣品名是贵妃枣，然后我们引进到我们香泉，就取了香泉的"香"，叫香妃枣。

课题组：紫霞村香妃枣的经营模式是分散经营还是产业化经营？

紫霞村扶贫干部：我们都是老百姓自家种植，然后我们为了带动引领，就利用村里合作社，留出来了 60 亩地专业化种植，这一片地就是留出来的。

课题组：你们是统一收购包销模式还是自家去联系销售渠道？

紫霞村扶贫干部：我们今年主要是统一收购，在今年十月份的时候，还是自家联系。我们现在考虑以后还是通过我们合作社，统一包装，我们的包装现在已经设计出来了，下一步就是找渠道销售。

课题组：建议你们建立一个统一的收购价格和收购平台来防止内部竞争。

紫霞村扶贫干部：是的，如果一家一户各自为政的话就容易导致价格过低。

课题组：紫霞村建立了电商分销平台吗？

紫霞村扶贫干部：我们目前的电商平台主要功能就是购买，但是销售这一块还很薄弱。

课题组：电商分销平台还需要进一步扩大销售范围。

紫霞村扶贫干部：对，还和香妃枣配套种植了一些短期作物，我们短期作物就是在香妃枣树下面配套种植一些辣椒、芋头。

课题组：这些作物主要通过什么方式销售？

紫霞村扶贫干部：主要通过江油市分销，我们这有蔬菜批发市场，另外还有许多商家上门来收购，老百姓在家里面就把蔬菜卖出去了。

课题组：紫霞村集体经济是如何发挥作用的？

紫霞村扶贫干部：首先就是集中发展紫霞村的产业，争取产业项目集中。比如说我们是 2014 年下半年，争取到项目资金，为老百姓提供早苗。定期技术人员来培训，每到一个特定时期时间点，就有培训人员来教老百姓怎么种，平时怎么施肥，防虫治病。然后就是一个农民带头示范。

课题组：紫霞村有没有失去劳动力，没有能力去外面工作需要救助的，来参与这个产业的？

紫霞村扶贫干部：有一些。紫霞村有一些失去劳动力的贫困户，比如说这一户[1]，也是个贫困户，虽然说他还可以做一点，但已经没有多少劳动力了。我们就把他的土地留了出来，以后由合作社来集体种植这块地。通过土地分红的方式来保障他的生活。另一方面我们合作社留出土地以后，我们当地的老百姓可以进来务工。

课题组：那你们公共卫生怎么来管理？垃圾如何处理？

紫霞村扶贫干部：现在是村上有垃圾清运车，县上设立了垃圾处理点，村里没有统一的处理点，运出去统一收集再转运。因为我们有垃圾桶，就地取材，用当地毛竹将垃圾桶做成很有文化特色的样式。还有一个垃圾转运站就在山上面。

课题组：每个村都有一个垃圾转运站？

紫霞村扶贫干部：我们是一个村独自一个。

课题组：村里是否开展了一些类似农家乐的方式促进农民增收？

紫霞村扶贫干部：现在有上来到村上来吃饭的，但是设施这一块还比较薄弱。我们的长期规划就包含建设农家乐的一些设施。

课题组：紫霞村村民人均年收入大概是多少？

---

① 李惜福家——编者注。

紫霞村扶贫干部：我们 2016 年人均收入 9636 元。去年我们香妃枣还没有形成产出，我们的主要产业还没有发挥增收的作用。

课题组：如果形成产出后，紫霞村在西部贫困地区中人均收入应该还是较高的。

紫霞村扶贫干部：但是目前没有达到我们全县的平均水平，北川县人均年收入是 10677 元。

课题组：北川县整体的收入状况是什么样的？

紫霞村扶贫干部：北川县是关外，比我们关内收入高一点，关外种植药材收入高一些。

课题组：现在紫霞村村民收入主要的来源是什么？

紫霞村扶贫干部：我们现在还是主要靠种植香妃枣、配套种植蔬菜和养殖业，外出务工也是很大一块。

课题组：外出务工人员务工的收入算到村里人的收入里了吗？

紫霞村扶贫干部：他们务工还是要把钱带回来的，应该算入。

课题组：未来可能这部分收入会流出，因为外出务工人员如果发展好了可能把整个家眷带出去。

紫霞村扶贫干部：这种情况很多，不过现在北上出去又回来的也有好多。①

课题组：那以后都带出去的话村里的劳动力就更缺乏了。

紫霞村扶贫干部：村民现在有钱的一般买房子就到城

① "北上"是指到北川县北部外出务工——编者注。

里面去买，农村的房屋居住条件比不上城里。

课题组：紫霞村一百多户中，长期在这里居住的有多少人？

紫霞村扶贫干部：我们这相对还比较好。这一段时间年龄大的在家。现在很多出去挣到钱的年轻人回来了，紫霞村这种举家外出的总共不到十户。他们一般也就是两个在外打工，过年还是要回来。

课题组：现在劳动力往外走是一个趋势，可以找专家讨论一下，看看把这里的生态和经济搞好，把城里人吸引过来，跟紫霞村农户合作开展乡村旅游。搞好产业发展预测，利用当地好风气、好水、好乡情来实现增收。

紫霞村扶贫干部：现在我们这个产业还没发展起来，我们这个农家乐只是初步发展，现在外出务工的回来了，有了一些年轻人在村里，可以想办法办旅游创收。

课题组：2016年开展精准扶贫脱贫后，脱贫有没有稳定性，存在返贫的苗头吗？

紫霞村扶贫干部：现在看来没有。

课题组：都比较稳定，都是往上发展？

紫霞村扶贫干部：是的。

课题组：现在脱了贫困，下面要过上富裕的生活，走上小康，下一步走上富裕社会，紫霞村有哪些更高一层次的想法？

紫霞村扶贫干部：从产业上来讲，因为我们去年年底，是要脱贫的。去年验收的时候我们最主要的产业香妃枣是还没有投产的，现在今年开始香妃枣要投产了，以这个收入来讲的话，收入肯定就往上涨了。另外还有一块，我们这个枣是我们的中期规划，我们的短期规划，就是找出下面配套种植的蔬菜。前两年我们就是通过蔬菜和家庭养殖来脱贫的，还有外出务工的。今年我们的枣投产了，这是我们的中期规划，马上就可以实现。

课题组：香妃枣的市场价格多少？

紫霞村扶贫干部：市场价格还是很不错的，我们也考察过，基本是10元一斤，现在我们虽然还没有出枣，但是我们从去年就已经开始联系销售这一块，例如我们与绵阳的一所大学的后勤部联系，他们已经有了很强的购买意向。

课题组：能否预测一下紫霞村香妃枣的总体产量？

紫霞村扶贫干部：今年的产量，一亩地74株，一棵树也就三十斤，也就2000多斤吧。

课题组：香妃枣是有机作物吗？

紫霞村扶贫干部：我们还达不到有机作物的标准，因为有机要专业的认证。紫霞村香妃枣就是高山生态。从产业生态这一块来说，我们的收入是增加了。从长期规划来说，我们通过外部环境的打造提升，想要引进旅游。发展乡村旅游第三产业，这就是我们的长期规划，到时候就通过外来游客，摘枣或者农家乐来提升收入。还有一点比较重要的是，我们现在在做精神文明建设这一块，来提升老百姓素质，包括我们通过农民院校，每个月开展两次活动，培训农业技术还有教唱歌跳舞。

课题组：有生产能手培训吗？

紫霞村扶贫干部：有。我们还专门请培训公司来培训家政服务、厨师、月嫂等技能，通过这种方式来就近解决就业问题。而且通过紫霞村的村规民约来提升老百姓的文明程度，这个村规民约是我们去年全村老百姓开村民大会一起弄出来的。包括我们的门前三包。还有就是每年开展文明评选，包括我们的好媳妇呀、好婆婆呀。还有我们党建这一方面，我们党员示范工程啊。通过这一系列的示范带动，引领老百姓，精神层面有挺大的提升。其实现在做得更多的就是这一块。

紫霞村扶贫干部：我们每年开春节联欢晚会，老百姓自己编自己演，村联委搭台，大家一起来联欢。过年，平时务工的也回来了，农活比较少，吵架纠纷的也少，大家平时没事在广场里面排舞唱歌。

课题组：党建引领十分重要，走好群众路线，共治共享，搞好生态生产，书记讲得非常好。下一步看看有没有好的经验，我们整理出来形成文字，你们做得非常好，可复制可共享，给别的村庄做一个表率。

课题组：脱贫之前，建档立卡都完成了吗？

紫霞村扶贫干部：按照程序，都完成了。资料程序都是按照要求完成的了。

课题组：咱们农村小孩的教育状况怎么样？

紫霞村扶贫干部：我们村里没有学校，乡里有。

课题组：孩子去上学是什么方式？

紫霞村扶贫干部：住校，周一送去，周五接回来。坐车十五分钟，有配餐有补助，贫困户才有。

课题组：贫困户的教育补助从哪出？

紫霞村扶贫干部：县里的教育基金。考上大学的是国家的教育基金。

课题组：你们扶贫干部是全职在做扶贫工作吗？

紫霞村扶贫干部：基本上除了开会就在村上。我原来在县委办，我从 2016 年来这里上班，基本上很大精力都放在这里。

课题组：咱的选举政策正常吗？

紫霞村扶贫干部：正常。

课题组：选聘村能人的标准是什么？

紫霞村扶贫干部：第一个标准，思想觉悟要好，他愿意为老百姓做事。用老百姓的话讲，就是觉着他是个能干的人。他自己能够挣钱把地种好。还有就是说，直白点，老百姓觉着找他办事他肯做事。毕竟他长期在这村里。

课题组：还有就是做事公平。

紫霞村扶贫干部：对。

课题组：那这个村主任和合作社是什么关系？

紫霞村扶贫干部：合作社其实就是我们的村党支部牵头成立的。

课题组：党支部搞的吗，与村主任没什么关系？

紫霞村扶贫干部：非公的。

课题组：合作社就是个公益性的？

紫霞村扶贫干部：我们这是市场经济。我们这里的合作社只有支部牵头，其他人入股，入股的很大一部分是贫困户。贫困户有专业扶持周转金，放入合作社直接参与分红，我们村集体经济收入也主要靠这一块。合作社的领头人除了支部的帮扶以外，和村里没太大关系，它是独立组织运用扶贫基金，有人入股经营的。

课题组：那你们合作社现在还是集体经营？独立法人是？

紫霞村扶贫干部：我们合作社是一个独立法人。

课题组：也就是说和村主任没有太大关系。不管它是什么性质的，它都是个独立法人，它是公益性质的。

紫霞村扶贫干部：我们村上主要是带动它经营发展，这个涉及产权后肯定要明确的，做大做强以后，这个会是很大一个产业。

二 关于文化活动对紫霞村扶贫干部访谈

课题组：村里文化活动多吗？

紫霞村扶贫干部：村里有文艺积极分子，乐队到附近各地演出，推出去宣传紫霞村。

课题组：光村里自己搞？

紫霞村扶贫干部：主要是我们自娱自乐，也是要见效果的，推出去。而且购买了5000册图书。

课题组：是政府发的那个书？

紫霞村扶贫干部：政府发的书有时候我们感觉实用性上稍微差一点，我们根据自己需要去买书。

课题组：嗯，这个思路很好。

紫霞村扶贫干部：还有就是文化宣传展板成本比较高，咱们的教育文化宣传，到处都在弄，这个成本就比较高，画一幅宣传版画成本不低。

课题组：有健身设施吗？

紫霞村扶贫干部：有一个健身活动场和配套设施。

课题组：我有一个观点，这不仅仅是经济的问题，更是思想观念文化建设的问题。

紫霞村扶贫干部：嗯，对，扶贫先扶思想。

课题组：目前来看，村里面还是过于注重物质文化，村民也是只看到收入。

紫霞村扶贫干部：现在大家主要还是看经济水平。

课题组：扶贫专家都关注农村经济，其他方面专家介入进来的就很少。只有专家下到基层进行文化宣传，才能有农村文化建设的发言权。

紫霞村扶贫干部：我们现在正在评选道德模范、致富带头人，我们还是想树立起这个典型。

三 紫霞村脱贫户入户访谈[①]

（一）家庭生活情况

课题组：家庭养殖如何开展？

贫困户：养殖上我们这边不喂饲料，都喂粮食。今年主要种四季豆。

课题组：房子冬天冷吗？

贫困户：要生火。

---

① 由于致贫、帮扶情况不同，访谈资料来自多个脱贫户。

课题组：体检收费吗？

贫困户：定期免费体检。

课题组：家庭的主要收入来源是什么？

贫困户：全家一户三口，靠打工收入，修路一天一百元，两个女儿都在外面，工资还好。

课题组：觉得村里环境如何？

贫困户：村上扫村道，我家是环境整洁示范户，家里干净。

课题组：子女情况如何？

贫困户：两个娃上学，两个女儿都在外面。

课题组：生活情况如何？

贫困户：吃饭做饭都可以自己完成。

课题组：子女孝顺吗？

贫困户：两个女儿都在外面，周末回来。

（二）教育状况

课题组：家里人都去打工了吗？

贫困户：都在家里。

课题组：你的小孩在念书吗？

贫困户：有一个还在念书，还有一个大学没考上，在外面打零工。

课题组：你和谁一起住呢？

贫困户：我先生在家。

课题组：你住的楼哪年盖的？

贫困户：2009 年。

课题组：当时花了多少钱？

贫困户：我不管水泥，村上出钱。其他工钱材料费自己出。那个时候家家户户修房子。

课题组：那个时候是在自己家原来的地方修吗？

贫困户：迁下来，在村道两旁修建，比较安全。

课题组：迁移下来后，你们的地皮怎么控制？

贫困户：地震那个时候没有批，只是安置，先解决吃住的问题。以后就规范了，都办了手续。现在合作社，宅基地要计算面积。

（三）住房状况

该贫困户是村里评选的环境整洁示范户。虽然他家不是很大很宽敞，但是干净整洁。

课题组：有几间房啊？

贫困户：三间。

课题组：做饭在什么地方？

贫困户：厨房这边。

课题组：厨房还挺大的，吃饭也在这里？

贫困户：平时吃饭坐客厅这一边，可以看电视。

课题组：卫生间呢？

贫困户：在这里面。

课题组：这是统一规划的那种建筑？

贫困户：也不是统一规划的。

课题组：给了他钱和标准，你们自己建？

贫困户：是的。

课题组：你现在家里就一个闺女？

贫困户：两个闺女都嫁出去了。

课题组：他们多长时间来看你一趟？

贫困户：周末。

课题组：挺好挺干净的。

贫困户：对。

课题组：第一书记做了很多事情，很尽力。你现在享受的权利啊，实实在在地做到位。

贫困户：嗯，就是啊。

扶贫干部：关键是他们自己很努力，很勤劳。其实我们能做的只是引导他们，在关键的时候拉一把，最主要的还是靠他们自己。

（四）扶贫总体状况

课题组：县里如何开展产业扶贫的？

县扶贫干部：主要是这样，第一就是咱们党的建设，县发改委这一块提供经验，迅速搞好咱们的生产建设。第二就是搞好社区建设，原来这个村道路硬化、绿化很少的，去年咱们投入了200万，把村里道路硬化了。再一个就是帮村里发展产业，你的销路也好，技术也好，农业产品也好。销售的话我们联系设计部门包装。

课题组：咱们绵阳村里路况怎么样，都硬化了吗？

县扶贫干部：可以说在城区周边都有硬化。上山区，到村子的话全部是硬化的。

四 在产业扶贫基地对扶贫干部的访谈

（一）牡丹园种植基地访谈

课题组：这个村村民的主要收入来源是什么？

扶贫干部：主要靠外面打工的工资。

课题组：这个生产基地的销售情况是什么样的？

扶贫干部：我们有固定的几个销售点，并且供货商建设了一些冷冻室。

课题组：这个生产基地的负责人是谁？

扶贫干部：合作社社长是党员，不是村干部，是村里致富带头人。

课题组：村里合作社是如何开展工作的？

扶贫干部：合作社主要是由党员带头，吸引村里年轻的有远见有能力的村民一起干。这个基地前两年产值是三四百万元，现在产值达到1.3亿元，其他产业基地还有牡丹、猕猴桃等生产基地。为了帮助这些产业基地销售，政府投入，建设了一批道路。

课题组：村里合作社是如何带动致富的？

扶贫干部：根据销售的情况上交土地使用费，现在是一亩地260元，合作社经济条件好，酌情每年增加土地使用费用。我们村里土鸡蛋每年能产生几万斤的销售量，村土地很值钱。

课题组：村里合作社是如何帮助村里劳动力就业的？

扶贫干部：这些企业用工必须用周边的农民。

课题组：村里是如何进行科技扶贫的？

扶贫干部：建设农民夜校，帮助农民知识扶贫。我们还联系省农科院、农业厅对主要作物的生产知识进行科普。

课题组：村里是如何进行扶贫攻坚的？

扶贫干部：抓住脱贫攻坚的计划，我们这里兜底六户共八个人，都是孤寡老人、精神病患者、没有子女的老人，我们对有疾病的送医院救治，原则上要保障吃饱穿暖，不能饿肚子。

课题组：村里是如何开展文化活动的？

扶贫干部：我们在生产基地举办牡丹节，吸引绵阳城市居民来这里旅游。我们有个地方在翻修庙宇时挖出一个古代铜钟，钟上有些文字，目前正在写申请批下来，希望作为一个文化符号。

课题组：关于村子里宗教情况是什么样的？

扶贫干部：村里没有邪教活动。土地庙每个村里都有，这些土地庙、观音庙是乡土文化的一部分，应当加以利用，我认为村上企业应当抓住文化传统，挖掘文化资源，形成文化景观。

课题组：听说扶贫工作很辛苦，你们是这样吗？

扶贫干部：村里脱贫，贴钱干工作，一个政策改了，资料重做比扶贫时间还长，群众不理解村干部，群众认为干部该做，或者里面有钱拿。其实每一天工资才五十块钱，算一下每天实际零花钱八十元，远远不够交通吃饭的钱。

课题组：村里党员发挥先锋带头作用了吗？

扶贫干部：党员示范带头作用比较少，现在年轻人入党不积极，缺乏三四十岁的党员。

课题组：脱贫检查工作情况如何？

扶贫干部：脱贫工作检查特别多，每周都有检查。对脱贫户的抽样调查，现在只抽一户，往往会造成统计偏差，建议多抽取一些贫困户、脱贫户，这样更能接近实际情况，如果一个村里 30 ~ 40 户都说扶贫工作做得好，就可以认为其扶贫工作有了效果。

课题组：群众对脱贫工作是什么看法？

扶贫干部：国家在进步，村子大变化，群众对国家精准扶贫脱贫的看法是积极、正面的。通过建卡立档立户，国家精准扶贫政策把真正的贫困户都筛选出来了，但是村里很多人思想水平达不到高度，特别是在扶贫帮贫临界点没有被评为贫困户的村民，极易激发矛盾。特别是一些地方群众收入都差不多，很多村民的实际收入较难统计，识别困难，造成群众不理解。这就需要干部加强对村民心理上的教育。

课题组：扶贫工作有哪些实际困难？

扶贫干部：帮扶群众造成群众攀比，造成对工作变相的压力，不扶贫，对工作造成影响，对贫困户的评选，程序没有问题，村里群众思想认识不到位。

课题组：扶贫干部的心态如何？

扶贫干部：村里群众文化水平不行，录入资料、填表等只能打下手，贫困户的资料，村里面做起来非常辛苦。特别是一个政策改了，所有扶贫资料重做，这比扶贫时间还长，群众还不理解村干部。

课题组：精准扶贫工作的实际困难还有哪些？

扶贫干部：精准扶贫脱贫的数据录入特别麻烦，一个很短的时限省里数据通道就关上了，干部就在那几天四五个通宵连续录入数据，其他什么事情都干不了。再有，问卷调查，每一个月到川镇必须两次，总到老百姓家里算账其实对群众生活也是有影响的。有些群众不理解为什么你老来。

（二）猕猴桃种植园访谈

课题组：相比其他地区生产的猕猴桃，这里有优势吗？

扶贫干部：我们这空气和土壤条件完全比别的地方好。上个月我要求咱们农科院和农科厅的专家来，他们说，我们这的猕猴桃质量是四川最好的。

课题组：现在就是初级产品还没有搞加工吗？

扶贫干部：现在还没有搞深加工。我们这现在产品供不应求，到七月份，直接就付现款，没有赊账这一说。

课题组：这样的话收入是多少？

扶贫干部：三四百万。

课题组：猕猴桃产业收入占村子里多大比重？

扶贫干部：占1/4收入吧，我们这还有牡丹花的旅游基地。

课题组：这个产业是怎么样的经营方式？是集体种植还是合作社之类的？

扶贫干部：我们有个合作社，承包经营。每年给我们村里带来不错的收益。

课题组：相当于村民把地租给你们？

扶贫干部：是的，村民把地租给我们，我们把贫困户组织起来集体劳动。

课题组：经营、销售、种子供应都是由合作社来做吗？

扶贫干部：对，这个你不能让村里能人或各户来做，一做就乱了。

课题组：那合作社的上游还有什么？靠外面的公司吗？还是靠合作社自己去找一些销路？

扶贫干部：现在是有固定的几个企业，江油市有一个特别大型的、集物流冷冻的中转站。收获时公司来收购。

课题组：你们就等于是供货端，他们向下经营销售加工吗？

扶贫干部：是的。现在的这片地以前都是荒地，草长到一人多高。也就是2014年，引进这些猕猴桃，才有了作物。

课题组：合作社的社长是一个什么样的人啊？

扶贫干部：合作社的社长是我们村的党员，但是现在不是村干部，是致富的能人。

课题组：合作社由什么人员组成？

扶贫干部：合作社主要是由党员牵头，吸引咱们村里年轻的有远见、有胆识的人，因为这个投资很大，前两年投资就达到三四百万元。现在的投资1.3亿元了。

课题组：这个依靠个人投资还是贷款？

扶贫干部：暂时除了这个路是政府投资的，其他都是个人投资。这个种植园没那么多，1.3亿元是指前面的旅游山庄。

课题组：那个也是合作社的一部分吗，除了猕猴桃还搞了旅游业。

扶贫干部：这个是咱们村里面干的，那个旅游山庄是企业。

课题组：咱们猕猴桃这个合作社投资了多少？

扶贫干部：三四百万元。这条路是政府建的，这条路就是条致富路。

课题组：提供征用地的农民的收入是多少？

扶贫干部：260元一亩地，好一点的地一年300多元每亩。这是根据销售的情况变动的，根据去年的情况，没有多大的收益，只卖了七十万元。但是今年可以发展到三四百万的销售额。我们签合同的时候就说了，合作社经济条件好了，每年酌情增加土地流转费用。

课题组：主要就是土地流转费用问题，每年都是浮动性的。你们是怎么带动脱贫的？

扶贫干部：主要是你用工必须要用周边村民，优先考虑贫困户。第二是农民，他们靠地吃饭，必须得用他。所以这一片基本上长期来说就20多个人在里面做。农忙时候要请许多临时工。

课题组：猕猴桃就这个种植园种植吗？

扶贫干部：不止这些，那边很远都是。去年销售的时候，游客到院子里摘的价格是12元一斤。

课题组：还有哪些销售渠道呢？

扶贫干部：这附近有一个部队，现在正在联系他们的领导，看看能不能通过这个途径，把咱们村的土特产直接供应到部队里面去。

课题组：村里除了产业扶贫还有什么方式？你这有搬迁的居民吗？

扶贫干部：没有搬迁的居民。我们村主要是医疗扶贫，另外教育有教育补贴，村里适龄儿童小学的补贴500元一学期，初中650元一学期。

课题组：小孩读书是在村里吗？

扶贫干部：没有。小孩读书都在镇上，所有的教育政策都落实了。

课题组：产业的技能培训呢？

扶贫干部：有，我们有专业的农民夜校，今年开了8个左右，主要邀请了农业科技专家。咱们这个主要是县发改委管理治理的，我们联系了省农科院的、农业厅的，还有市农业局的专家。定期开展培训。

课题组：这几年产业发展快吗？

扶贫干部：抓住了这两年宝贵的时间，发展速度还可以。

课题组：扶贫兜底的占多大比例？

扶贫干部：稍微少一点。

课题组：具体来说呢？

扶贫干部：6户只有八个人，都是鳏寡孤独或者有病的人，没有子女。还有一些就是精神病的那种。还有一个没结婚没子女，必须政府兜底。

课题组：没有子女的，没有劳动能力的，吃饭怎么办呢？

扶贫干部：对于有精神病的这种，做专业治疗。在家的，没有劳动能力的，就近安排，在邻居家照顾，政府给这家邻居一定的补偿，就是自己家做饭的时候，舀一口送到没儿没女那家去。

课题组：村里办不了集体食堂的话也得有这个吧，那你们村干部给牵个线。

扶贫干部：不能让他们饿着肚子，要吃好穿好。

课题组：有不孝子女这些人怎么办？

扶贫干部：有的，村里要处理好，这个只能做子女的工作。

课题组：这里搞了什么特色旅游产业？

扶贫干部：我们今年举办了一个牡丹节，超过5万人来观光。村里卖了好几万块钱牡丹花出去。

课题组：你们村的发展思路还可以往吸引城市靠一些，距离绵阳也不远，可以吸引城市人来种地，以有机的方式，也可以自己来种，也可以村里帮城市人种，到时候他们来采摘收果。

扶贫干部：对。咱们这村土地少，很金贵。

课题组：有的村子起步是那么开始的，有人投资几百万。没人投资，依靠绿色有机食品，人多能发挥出水平来。

扶贫干部：金龟村也就是这两年发展起来了，前两年还是省级贫困村，现在脱贫了。原先很多小伙子都找不到媳妇，现在好多了。不过村里还有十几个老光棍了，五六十岁了，在他们那个年代没有人愿意来。没办法，荒山野地，原来那个路没法走，这两年修了公路才发展起来。我们刚走过的这一片全是流转的土地。

课题组：老百姓现在还有自留地什么的吗？

扶贫干部：有，还留了几块地。对老百姓收入带动特别大，每年收入有 50 万元。

课题组：旅游项目利用投资 1 亿多元吗？

扶贫干部：现在没有 1 亿多元。五六千万元。远景规划是 1 亿多元。这里以前都是荒山，这里是流转土地，这有费用，我们集体经济要交钱的。

课题组：政府财政投资了吗？

扶贫干部：咱们修的路。

扶贫干部：通过这个扶持发展猕猴桃。你看开发之前就是一片荒地。

课题组：可以适当开展农家乐，你让城里市民养养鸡，喂喂狗，拔拔麦子，这边和农业有关吗，或者和猕猴桃相关？

扶贫干部：实际做的更高级，有湿地公园，还有实景演出，还有羌文化广场，还有养老产业和肿瘤医院。

扶贫干部：现在已经引进了一个比较有实力的企业，但是毕竟一个企业的力量是有限的。

课题组：可以利用水面的旅游资源。如果有个湖就更好了。

扶贫干部：有，旅游项目里面有水上互动。

咱们这没有湖泊，但咱们这不缺水。一条主渠从咱们这过来。这些都是可以实现的。

课题组：做一个文旅产品，把成都人、绵阳人拉过来也是很好的致富途径。

扶贫干部：办一个牡丹节，销售额一共是五万元。

课题组：牡丹旅游只有一季吗？

扶贫干部：牡丹开完之后，就到芍药的花期了。四月份牡丹节，到五月初芍药就开了，这两个东西必须搭配着种植才有最好的效益。

课题组：牡丹出来以后，怎么发挥效用呢？

扶贫干部：基本是观赏，还有药用的牡丹。

五　在北川县新生广场对群众的访谈

课题组：你是城镇户口还是农村户口？

广场群众：家里有城镇也有农村户口。

课题组：60岁以后国家发的有退休金吧？

广场群众：有。

课题组：一个月能给多少？

广场群众：不一样，根据你的情况，一般是年龄越大给得越多。

课题组：一个月能拿4000多元吗？

广场群众：一个月退休金、养老金挺多的，是退伍军人。

课题组：现在生活怎么样？

广场群众：好，家里就住在县城。

广场群众：身体不错，以前不去医院只是最近气管炎犯了，有了肺气肿，主要是因为以前吸烟最近才去过医院。

课题组：现在农民也都富裕了，像这么远在山区能走动吧？

广场群众：现在还行，以后岁数大了可能会有点困难。

参考文献

陈岩:《"贫困户"是如何变为"农场主"的》,《四川日报》2017 年 4 月 6 日。

陈哲、朱晓阳、李耕:《中国少数民族贫困及扶贫开发问题的研究现状》,朱晓阳主编《边缘与贫困——贫困群体研究反思》,社会科学文献出版社,2012。

《国务院关于印发"十三五"脱贫攻坚规划的通知》,《中华人民共和国国务院公报》2016 年 12 月 20 日。

蒋斌、侯成:《灾后农村社区建设中村民社区参与现状与模式研究——以北川县擂鼓镇灾后重建为例》,《社会工作》2009 年第 14 期。

赖俊:《全域旅游让"辖区"变"景区"》,《绵阳日报》2016 年 11 月 10 日。

李培林、丁少敏:《评价农民生活水平的综合指标体系及其应用》,《社会学研究》1990 年第 2 期。

李培林、王晓毅:《生态移民与发展转型》,社会科学文献出版社,2013。

李培林、王晓毅:《移民、扶贫与生态文明建设——宁夏生态移民调研报告》,《宁夏社会科学》2013 年第 3 期。

李清娥:《5·12 震后旅游扶贫的实践效应——北川羌族自治县旅游开发模式分析》,《西南民族大学学报》(人文社科版)2012 年第 5 期。

李群、王宾、曾诚:《中国西部地区经济社会跨越式发展路径选择》,中国社会科学出版社,2015。

李群、许晶:《中国国情调研丛书·乡镇卷:创新社会管理和加强民生建设》,中国社会科学出版社,2013。

李群:《多种创新助力精准扶贫》,《人民日报》(海外版)2016 年 8 月 16 日。

李永富:《北川"五大"工程助力精准扶贫》,《四川劳动保障》2016 年 11 月 15 日。

王守蕾、峻川:《北川:全域打造知名文旅目的地》,《四川日报》2017 年 3 月 15 日。

王伟光:《加强民族地区发展稳定调查研究,为全面建成小康社会献计献策》,《民族研究》2015 年第 5 期。

王伟光:《建设新农村是中国特色社会主义现代化的必然要求》,《今日中国论坛》2006 年第 1 期。

王震:《南姚家庄村调查:村域经济视角下的农民收入与支出》,中国社会科学出版社,2011。

杨琛、王宾、李群:《国家治理体系和治理能力现代化的指标体系构建》,《长白学刊》2016 年第 2 期。

喻沛杰:《制约贫困村产业发展的因素分析——以北川县紫霞村为例》,《产业与科技论坛》2017 年第 16 期。

张立艺:《吸引人才回流发展农村经济的途径》,《中国城市经济》2011 年 7 月 25 日。

《中共中央国务院关于打赢脱贫攻坚战的决定》,《人民日报》2015 年 12 月 8 日。

朱华、董婷:《政府主导下社区参与的民族村寨旅游开发模式——以北川县擂鼓镇吉娜羌寨为例》,《西华大学学报》(哲学社会科学版)2011 年第 6 期。

后　记

在课题组对北川县三个贫困村的调查过程中，我们深刻感受到西北民族地区当前扶贫攻坚战所面临的巨大困难，也感受到当地领导干部、群众团结一心、奋发向前的精神力量。

在同当地领导干部交流和深入访谈贫困户中发现，中国共产党同人民群众的血肉联系是战胜一切困难的重要前提。当地人民群众对中国共产党的高度信任、高度感恩和配合是外地群众无法想象的。在当地我们听到在地震发生当天营救了5位同志的这样一个英雄的故事：在地震发生几个小时后，当地山区一位党员便专程来到县政府大楼，用残垣断壁中露出的钢筋和自己朴实而坚定的信念，营救出5位县政府工作人员，帮助北川县保留了救灾指挥力量的火种。在询问他为什么专程来这里救人时，他说："今天北川是遭了大难，我要救出几个党的干部来主持救灾工作。"

这是地震救灾无数英雄事迹中的一个，也是北川县群众对共产党高度信任的一个缩影。党的十九大报告指出，坚决打赢脱贫攻坚战，让贫困人口和贫困地区同全国一道进入全面小康社会是我们党的庄严承诺。在中国，特别是在西部地区彻底消除贫困，必须通过精准扶贫精准脱贫措施的贯彻实施。而以党建统领精准扶贫精准脱贫的各项事务，是"切实落实领导责任、切实做到精准扶贫、切实强化社会合力、切实加强基层组织"的重要保障。

在此，向北川县在调研中提供帮助的同志和参与调查的紫霞村居民表示衷心的感谢。

中国社会科学院原院长王伟光同志亲自带队到北川县进行调研，课题组表示衷心的感谢！

北川县紫霞村调研的顺利进行及本书的形成，得到中国社会科学院科研局王子豪副局长，数量经济与技术经济研究所党委书记李富强、所长李平研究员的大力支持，课题组表示衷心的感谢！中国社会科学院研究生院博士生刘涛参与了紫霞村调研活动，并与博士生毕然、李恩极一起，整理收集了大量调研资料。本课题从立项到完成还得到科研处韩胜军处长等同志的大力支持，在此，一并向他们表示衷心的感谢。

课题组

2018 年 8 月

图书在版编目（CIP）数据

精准扶贫精准脱贫百村调研. 紫霞村卷："支部+"
模式引领脱贫路 / 李群, 刘涛著. -- 北京：社会科学
文献出版社, 2018.12
　　ISBN 978-7-5201-3493-4

　　Ⅰ.①精… Ⅱ.①李… ②刘… Ⅲ.①农村－扶贫－
调查报告－北川县 Ⅳ.①F323.8

　　中国版本图书馆CIP数据核字（2018）第215637号

· 精准扶贫精准脱贫百村调研丛书 ·

精准扶贫精准脱贫百村调研·紫霞村卷
　　——"支部+"模式引领脱贫路

著　　者 / 李　群　刘　涛

出 版 人 / 谢寿光
项目统筹 / 邓泳红　陈　颖
责任编辑 / 薛铭洁　周爱民

出　　版 / 社会科学文献出版社·皮书出版分社（010）59367127
　　　　　　地址：北京市北三环中路甲29号院华龙大厦　邮编：100029
　　　　　　网址：www.ssap.com.cn
发　　行 / 市场营销中心（010）59367081　59367083
印　　装 / 三河市东方印刷有限公司

规　　格 / 开　本：787mm×1092mm 1/16
　　　　　　印　张：14.75　字　数：146千字
版　　次 / 2018年12月第1版　2018年12月第1次印刷
书　　号 / ISBN 978-7-5201-3493-4
定　　价 / 59.00元

本书如有印装质量问题，请与读者服务中心（010-59367028）联系